PRIMEIRO NUTRIR

PRIMEIRO NUTRIR

Guia de introdução alimentar leve, prática e natural

PATRICIA HELÚ

Companhia de Mesa

SUMÁRIO

  8 Introdução
 10 Como explorar este livro
 12 O alimento segundo a antroposofia
 18 Fases da introdução do Chico
 20 Criança na cozinha
 22 A introdução alimentar pelo olhar nutricional
 34 O tempo da introdução alimentar

 40 Vamos começar?
 42 BLW: Cortes e texturas
 44 Mingaus: Métodos de cozimento e algumas bases
 48 Com banana, coco e mirtilos, com quinoa e castanhas
 50 Barrinha de mingau
 51 Bolinhas de mingau
 52 Cozinhando para o bebê e receitas base
 61 Pasta de alho assado
 62 Tempero verde
 63 "Ovo" para empanar
 64 Farinha "panko" saudável
 66 Molho pesto, pesto de ervas, molho de tahine e molho de laranja
 70 "Sucos" de vegetais
 72 Suco de raízes e de ervas e folhas
 74 Cardápios e planejamento
 78 Combinação de alimentos

1. Arroz, lentilha, batata-doce, chuchu, couve

 83 Arroz integral
 84 Arroz colorido
 84 Bolinho de arroz
 85 Batata-doce assada com canela
 85 Couve com laranja
 86 Chuchu
 87 Arroz com lentilha
 88 Farofa de couve
 88 Batatinhas "fritas"
 89 Bolinha de batata da Cacá
 90 Bolinho fantasia
 91 Arroz "frito"

2. Trigo-sarraceno, rúcula, beterraba, abóbora, tofu

97 Trigo-sarraceno
97 Beterraba assada
98 Tofu marinado no missô
98 Abóbora assada
99 Purê de abóbora
100 Dadinhos de tofu em crosta de nuts
102 Minipizza de trigo-sarraceno
104 Risoto de trigo-sarraceno e beterraba
106 Risoto de aveia com abóbora e rúcula
108 Molho vermelho de tubérculos
109 Nhoque de abóbora e aveia
110 "Parmesão" vegano
110 Quibe de abóbora

3. Painço, cenoura, aspargos, abobrinha, grão-de-bico

115 Painço no caldo de cenoura
115 Aspargos na manteiga com ervas
116 Salada de painço e legumes
117 Palitos de abobrinha com crosta
117 Meias-luas de abobrinha assadas
118 Homus
120 Acordando os grãos
121 Massa de grão-de-bico
122 Falafel
123 Nuggets de grão-de-bico
124 Espaguete de legumes ao pesto
125 Pesto cremoso de brócolis

4. Arroz negro, inhame, ora-pro-nóbis, couve-flor, edamame

129 Arroz negro
130 Ora-pro-nóbis com cúrcuma
130 Floretes de couve-flor ao missô
131 Croquete de edamame e arroz negro
132 Sushi (hossomaki)
134 Leites vegetais
136 "Ricota"
137 Purê de inhame e ora-pro-nóbis
137 Musseline de edamame

5. Quinoa, alho-poró, rabanete, brócolis, feijão-carioca

141 Quinoa com alho-poró
141 Chips de rabanete
142 Brócolis ou couve-flor crocante
143 Rabanete assado
144 Hamburguinho
145 Feijão-carioca com páprica ou tofu defumado
146 Molho branco de couve-flor
147 Creme de leite de quinoa
147 Espaguete ao molho branco
148 Brócolis ao curry
148 Risoto cremoso de brócolis

6. Milho, mandioquinha, erva-doce, alcachofra, tempê

153 Nhoque de mandioquinha
153 Milho verde na manteiga
154 Purê de alcachofra
154 Tempê marinado e grelhado
155 Bolonhesa de tempê
156 Penne à bolonhesa
156 Cubinhos de alcachofra
157 Almôndegas de tempê e milho
158 Polenta
158 Polenta com milho
159 Palitinhos de polenta
160 Mandioquinha na manteiga de ervas
160 Massa de salgadinho
161 Pastel
162 Mandioqueijo
163 Mac & cheese

7. Cuscuz, espinafre, mandioca, pepino, ervilha

167 Salada de pepino marinado
168 Cuscuz com talo de espinafre
168 Espinafre simples
168 Bolinho de cuscuz, ervilha e espinafre
169 Rosti de mandioca
170 Grãomelete
171 Creme de espinafre e mandioca
171 "Ricota" de tofu
171 Cuscuz de mexerica
172 Panquecas fininhas
173 Panqueca proteica de quinoa com ricota e ervilha

Café da manhã e lanches

179 Overnight oats — aveia adormecida
180 Overnight mango lassi
182 Overnight de pitaia
182 Overnight de tâmaras, cacau e tahine
182 Overnight de banana e pasta de amendoim
183 Dadinhos de arroz e coco
184 Tapioca de coco
185 Panqueca matinal
186 Panqueca de frutas vermelhas e pasta de amendoim
188 "Requeijão" proteico de tofu
189 Waffles
192 "Requeijão" de castanha
193 Pão de mandioca
196 Farinhas nutritivas
198 Pãozinho de "queijo" de tubérculos
199 Biscoitinho salgado de grão-de-bico
200 Chapati de aveia
201 Biscoitos para os dentinhos
202 Cracker de amaranto e frutas vermelhas
203 Energy balls de mirtilo e coco
204 Biscoito de aveia, banana e canela
204 Geleia da Alice
205 Biscoito com geleia
206 Barrinhas nutritivas
206 "Toddynho"

Frutas

- 215 Banana congelada
- 215 Creme de banana e morango
- 216 Creme refrescante de abacate com banana
- 217 Creme de maçã, banana e canela
- 218 Manga com limão e coco
- 218 Banana grelhada com canela e óleo de coco
- 219 Lâminas de papaia com quinoa
- 219 Melancia com farinha de amêndoa
- 219 Fruta cozida com especiarias
- 220 Pudim de chia com banana
- 221 Sorvete
- 222 Salada de frutas
- 222 Salada de frutas no forno com iogurte de coco e raspas de limão

Doces

- 226 Caramelo de tâmaras
- 227 Panqueca recheada de caramelo e pasta de amendoim
- 228 Paçoquinha
- 229 Torta gelada de banana
- 230 Brownie cru
- 232 Bolo de maçã
- 233 Pudim de pão com frutas
- 234 Bolo de banana e mirtilo
- 236 Cookies
- 237 Milk-shake

Receitas medicinais

- 238 Intestino × introdução alimentar
- 240 Creme de abacate, ameixa e farinha de aveia
- 240 Vitamina de mamão, laranja e ameixa
- 240 Pasta e água de tamarindo
- 240 Água de ameixa
- 240 Chá de linhaça
- 242 Golden milk
- 242 Panaceia

- 244 Dicas de utensílios
- 244 Mão na massa
- 246 Hora da refeição
- 248 Índice remissivo
- 254 Sobre a autora

INTRODUÇÃO

Que alegria e responsabilidade é guiar nossos filhos pelo mundo! Nessa caminhada vamos aprendendo — e muito — com eles. Quando Chico começou a comer, inaugurei uma nova fase também. Vi toda a potência da introdução alimentar na vida de uma criança e descobri que o percurso pode ser infinitamente rico e divertido para eles e para nós. As descobertas e experiências do meu filho têm me ensinado muito, e agora espero poder te ajudar com elas.

A introdução alimentar pode parecer algo complexo e sistemático, mas isso depende da forma como você vai implementá-la. Por aqui, quanto mais leve e natural eu deixava as coisas fluírem, mais gostoso era o desenrolar de tudo e mais receptivo meu filho ficava. Por isso, neste livro você vai encontrar uma forma leve e prática de lidar com esse momento tão especial, com dicas, ideias e informações sobre alimentação e comportamento.

Esta obra vem para trazer diversidade ao prato das crianças e de toda a família, independentemente do tipo de alimentação que a família adote. Acompanhei o processo de introdução alimentar em algumas famílias e notei que um tema em comum é a insegurança de que a diversidade de vegetais e plantas que elas consumiam no dia a dia não fosse o bastante para compor os diferentes grupos alimentares dos quais um bebê precisa. De fato, o grande desafio é oferecer esses alimentos de forma equilibrada. Por isso, apresento aqui receitas vegetarianas inspiradas na antroposofia. Elas foram pensadas tanto para quem quer fazer uma introdução sem derivados de animais, quanto para quem for utilizar alimentos de origem animal, acrescentando grelhados, queijos ou ovos sem adição de sal. O desafio de preparar vegetais de forma atrativa sem se prender ao cozimento no vapor no dia a dia — que já está corrido com a chegada de um bebê — é o mesmo para todos.

Então, além de falar sobre BLW, cortes e cozimentos ideais para cada idade, ensino a organizar a comida para a semana e para viagens, e a preparar alimentos nutritivos e gostosos para a casa toda, afinal, para que perder tempo preparando uma comida diferente para o bebê?

Por fim, este livro também abraça as famílias com crianças com intolerâncias alimentares. As receitas não contêm glúten nem lactose — com exceção do cuscuz que usamos nos preparos do capítulo 7. Assim, espero acolher o maior número possível de famílias.

Vale lembrar que é sempre importante ter um profissional de saúde acompanhando a introdução alimentar, pois cada caso é um caso. Neste livro, contei com as especialistas dra. Ana Ceregatti, educadora e nutricionista clínica, que vai falar sobre nutrição materno-infantil, e Fabiolla Duarte, uma convidada muito especial que foi extremamente inspiradora para mim e que vai falar sobre comportamento alimentar infantil.

Além disso, todas as fotos do livro foram clicadas pela Madelaine Seagram, da The Daily Company, que trabalhou cuidadosamente comigo, dando vida às receitas para instigar sua vontade de colocar a "mão na massa" e experimentar essas delícias.

Cada família tem sua realidade e cultura, mas existe um ingrediente que não pode faltar: afeto. É através dele que abrimos o coração e a mente para essa experiência fundamental, com paciência, criatividade, leveza e conhecimento. A introdução alimentar pode ser uma aventura deliciosa. A ideia é ajudar e te inspirar nesse processo, para que os pequenos (e a família toda) tenham uma boa relação com a hora da refeição e a comida em si e para que cresçam fortes e espertos!

a introdução alimentar pode ser uma aventura deliciosa

COMO EXPLORAR ESTE LIVRO

Este livro traz receitas das mais simples às mais elaboradas, e foi pensado para auxiliar nas diversas fases da introdução alimentar e além. Antes de tudo, é importante respeitar o tempo e a individualidade de cada um. A natureza é muito sábia e ninguém melhor do que o próprio bebê para indicar que está pronto para comer. A Fabiolla Duarte fala sobre os sinais de prontidão na p. 36.

Para quem vai usar técnicas de BLW, apresento os cortes em cada capítulo. Com o tempo, você vai aprendendo a lógica por trás deles e dos pontos de cozimento (p. 42) e vai se sentir cada vez mais confiante para testar novos ingredientes.

Quem precisar de um auxílio na hora de montar uma refeição equilibrada, vai encontrar diversas dicas da dra. Ana na p. 22. Além disso, criei um cardápio com sete sugestões de combinações utilizando os cinco grupos propostos pela antroposofia (p. 78).

Este livro conta com mingaus (pp. 44-8), cremes de frutas (pp. 215-7), pãezinhos (pp. 193 e 198) e mais preparos que podem servir como café da manhã ou lanches logo no início da introdução alimentar. São receitas que podem auxiliar na transição para outras mais complexas, além de serem deliciosas para os adultos.

Sugiro combinações para o almoço e, para trazer praticidade no seu dia, delas nascem as receitas complexas, propostas para o jantar. Basta juntar alguns dos preparos que já estão prontos que você terá pratos elaborados e nutritivos que vão cair como uma luva em uma próxima refeição, evitando o desperdício, diminuindo o tempo na cozinha e promovendo uma alimentação completa para a família toda. Também apresento overnights (pp. 179-82), risotos (pp. 104, 106 e 148) e finger foods (pp. 51, 84, 88-90, 100, 131, 141) para aprender a fazer suas próprias criações com os ingredientes que tiver em casa.

Ao longo dos capítulos, há dicas de receitas base como molhos, cremes e temperos e de utensílios que podem facilitar o dia a dia. Também ensino muitas bases — como leites vegetais, mix de farinhas e substitutos para ovos — que servirão em receitas que possam levar produtos de origem animal ou que contenham glúten ou lactose.

Quem gosta de se organizar com antecedência, vai adorar meus truques para montar um cardápio para a semana (p. 74).

Você ainda vai encontrar receitas divertidas para sair um pouco da "caixinha", como nuggets, hambúrguer, batata "frita" e pastel. E receitas doces sem açúcar, a serem oferecidas para crianças acima de dois anos (pp. 226-37).

Por fim, há algumas receitas medicinais (pp. 240-2) para cuidar da família toda de uma forma natural.

comer bem pode ser simples

O ALIMENTO SEGUNDO A ANTROPOSOFIA

Quando pensamos em um alimento, imaginamos seu gosto e como ele pode ser preparado. Temos uma ideia de seus nutrientes e se ele pode nos fazer bem ou não. Na nutrição antroposófica — que inspirou minha sugestão de cardápio e a introdução alimentar do Chico —, somos convidados a pensar no alimento como uma fonte de energia vital que nutre nossas necessidades físicas e espirituais. Seguindo o tripé proposto pela antroposofia, ele fortalece e desenvolve os sistemas neurossensorial, rítmico e metabólico-motor. Ou seja: o pensar, o sentir e o querer.

    Essa filosofia criada pelo austríaco Rudolf Steiner — que tem vários braços, com sistemas pedagógicos, terapêuticos, agrícolas e medicinais — sugere um envolvimento mais intenso com a alimentação. Quando comemos com propósito, damos mais atenção a cada ingrediente, sabemos de onde ele vem e como foi preparado. Estamos integralmente comprometidos com a refeição, como se comêssemos pela primeira vez. Considero tudo isso fundamental para que os bebês criem uma relação inteligente, alegre e funcional com a comida.

    Contemplar diferentes grupos alimentares, incluindo raízes, folhas, frutos, cereais, leguminosas e castanhas, traz força, riqueza e criatividade ao prato. Fora isso, a alimentação deve ser orgânica, fresca, sem ultraprocessados, livre de conservantes e, de preferência, agrotóxicos. Sabemos que o mundo ideal não existe, mas a informação é uma ferramenta para nos ajudar nos desafios do dia a dia.

FRUTOS E FLORES

Frutas e legumes se encaixam nessa categoria de alimentos essenciais para uma dieta saudável e rica em nutrientes. Não podem faltar no cardápio dos pequenos, porque são fonte de energia para o sistema metabólico-motor, que funciona na região abdominal e nos membros, trabalhando vitalidade, digestão, reprodução e secreção. Segundo a antroposofia, esse é o sistema responsável pela vontade e o querer, forças importantes para a consolidação da experiência individual no mundo. Incentivar o desenvolvimento das crianças neste sentido, logo nos primeiros anos de vida, é uma forma de alimentar o poder pessoal e o de realização para que elas vivam de acordo com seus ideais.

Além de deliciosas, as frutas fornecem energia e auxiliam na digestão, evitando prisão de ventre e outros distúrbios intestinais. Legumes são riquíssimos alimentos para a manutenção de um corpo forte, imune e funcional.

Dicas: ofereça as frutas sempre que possível in natura, aproveitando assim melhor seus nutrientes. Elas podem compor uma sobremesa ou um lanche, e no café da manhã trazem alegria logo cedo ao paladar!

RAÍZES

A presença das raízes na alimentação dos pequenos, de acordo com a visão antroposófica, é crucial para o desenvolvimento e para a saúde do sistema neurossensorial, responsável pela capacidade do homem de pensar. Como uma planta de cabeça para baixo, o homem tem a sua raiz no cérebro, nos nervos e nos órgãos dos sentidos, que precisam das forças minerais do solo (zinco, ferro, potássio, manganês, cálcio etc.).

CAULES E FOLHAS

É nas folhas que acontece a fotossíntese, um processo metabólico, energético, rico e fundamental para todos os seres vivos. Assim a planta sintetiza o que precisa para sua própria nutrição.

As folhas são pura energia vital e merecem um lugar especial na nossa alimentação. Caules são responsáveis por levar nutrientes e energia para a planta toda. Ambos são considerados pela alimentação antroposófica perfeitos para nutrir o sistema rítmico, responsável pelo sentir, que funciona na região do tórax, com a circulação sanguínea e a respiração.

As folhas são abundantes, podem ser consumidas cruas ou cozidas e compõem receitas deliciosas. E não deixam de ser novidade, com a valorização recente das PANCS (plantas alimentícias não convencionais). Da alface (que existe em muitos tipos, cada um com seus benefícios) à ora-pro-nóbis (rica em proteínas), toda essa variedade é um "prato cheio" para o dia a dia.

quando comemos com propósito, damos mais atenção a cada ingrediente

CEREAIS

Arroz, cevada, painço, centeio, quinoa, aveia, milho, trigo… os cereais integrais (sim, eles precisam ser integrais para que sejam aproveitados inteiramente pelo nosso organismo) são considerados importantes pela nutrição antroposófica para o desenvolvimento vertical do corpo humano. Trazem estrutura física e emocional e ainda estimulam os sistemas metabólico-motor e rítmico, fortalecendo coração e pulmões. São a base da alimentação em várias regiões do planeta e estão presentes em nossos pratos diariamente.

Gosto muito da lógica antroposófica que vê nos cereais qualidades energéticas ancestrais e cósmicas, já que são resistentes e cheios de luz. Cereal é vida! E para os bebês e crianças, trazem calor e sensação de saciedade. O ideal é alternar os tipos, e tem até quem prefira escolher o dia certo da semana para cada um, de acordo com as orientações antroposóficas, que relaciona os cereais e suas propriedades com as influências dos planetas do nosso sistema solar.

PROTEÍNAS

É no maravilhoso reino vegetal, principalmente no grupo das leguminosas, que encontro as proteínas que fazem parte da introdução alimentar do Chico. O que vem da agricultura orgânica tem o potencial de oferecer tudo o que precisamos de uma forma mais respeitosa para o corpo e o planeta. Além disso, a digestão e absorção da proteína vegetal é um processo muito mais leve e gentil para nosso metabolismo, especialmente para crianças menores de três anos, que, segundo a nutrição antroposófica, ainda não devem ingerir proteínas de origem animal, como carnes e ovos.

a absorção da proteína vegetal é um processo muito mais leve e gentil

FASES DA INTRODUÇÃO DO CHICO

Com a intensidade dos primeiros meses do bebê, pensar na introdução alimentar pode parecer coisa de outro mundo. Quando começar, quais alimentos oferecer, como iniciar uma alimentação nutritiva, e por aí vai. Vale sempre lembrarmos que, até o primeiro ano de vida, o aleitamento é a principal fonte de energia e nutrientes, e isso pode ser nosso maior aliado para trazer a tranquilidade necessária para curtir as primeiras experiências do bebê. E siga sua intuição. Tornar esse momento leve e natural é um presente que você dá para seu filho e para si também.

vale ser criativo e trazer um clima lúdico para a hora da refeição

APRESENTANDO OS ALIMENTOS

Para incentivar o interesse do bebê pela comida, além de respeitar seu tempo, vale ser criativo e trazer um clima lúdico para a hora da refeição.

O primeiro contato do Chico com os alimentos foi através de brinquedos e mordedores. Assim ele conheceu cores e formatos, mordeu e observou. O segundo passo foi mostrar os alimentos íntegros e sem cortes ou preparações. Ele foi se familiarizando com formas, cheiros e texturas.

O Chico já havia dado os sinais de que estava pronto para a introdução alimentar: ficava sentado bem firme, mostrava curiosidade quando estávamos comendo e tentava pegar nossa comida o tempo todo. Aos pouquinhos, foi se familiarizando com tudo, mas, até hoje, cada dia é uma coisa. Ontem ele amava manga, hoje não quer nem saber. Antes não dava a menor bola para carambola, agora é sua fruta preferida. Não tem regra, nem tem que ter.

Um ponto importante é não desanimar caso o primeiro contato com o alimento não seja bem-sucedido. Ofereça mais de uma vez, mude o corte e a forma de cozimento. Sugiro começar devagar, apresentando os alimentos aos poucos. Cada bebê tem o seu tempo. Quanto mais leve e divertida a introdução for para o bebê, mais natural ela vai se tornar.

Se você trabalha fora e não pode estar pertinho do seu filho em todas as refeições, procure participar de pelo menos uma — prometo que vai valer a pena e que será um presente para você e seu bebê. Direcione e ensine a pessoa que vai conduzir a alimentação do bebê. Esteja presente mesmo distante.

CRIANÇA NA COZINHA

Ter o Chico comigo na cozinha me proporciona mais tempo e presença na hora de preparar o alimento. Quando a comida é preparada sem pressa, com atenção, carinho e em boa companhia, cozinhar deixa de ser uma obrigação e se torna algo prazeroso.

O Chico começou logo cedo a participar das preparações e a fazer suas escolhas. Acho muito importante eles entenderem desde pequenos tudo o que envolve o alimento até a hora que chega à mesa. Isso desperta interesse, consciência e respeito.

Quando Chico era menor, tinha um tapetinho que morava na cozinha. Quando ele se entediava, eu o pegava e ia contando o que estava preparando. O Chico adorava fazer parte daquele momento, e ainda adora. Cada dia entende mais que quando estamos na cozinha é hora de brincar sozinho ou observar. Claro que tem vezes que não dura muito tempo, e aí já sei que preciso pedir ajuda para alguém distraí-lo!

A cozinha é um dos lugares em que ele mais gosta de estar. Por isso, foi preciso adaptá-la e deixá-la segura para ele. Por exemplo, o Chico AMA ficar vendo seu reflexo no fogão, por isso o forno foi "desativado" e usamos outro menor, que fica em cima da bancada. Ele passa um tempão se entretendo com um ventilador que coloquei na parede. Imãs coloridos na geladeira e colheres, potes e espátulas também rendem a maior diversão. A cadeirinha de comer dele é leve e vem com uma bandeja acoplada, e é uma carta na manga quando ele já se entediou de ficar no chão. Uma cenoura amarrada em um fio para não cair e alguns brinquedos garantem um belo tempo de distração.

Também batemos papo o tempo todo.

Ter as crianças na cozinha traz diversos benefícios, além de uma companhia gostosa e maior conexão com o alimento:

CONSCIÊNCIA: Envolver a criança na cozinha também é uma forma de fazer com que ela entenda a importância de consumir mais alimentos naturais e menos processados, ao ver o que acontece com o alimento até chegar à mesa.

VÍNCULO: Cozinhar é uma ótima maneira de passar o tempo com os filhos. Além de ser uma atividade diferente para a criança, é um momento oportuno para a transmissão de valores e conversas. Se a receita for uma tradição de família, fica ainda mais interessante.

COORDENAÇÃO MOTORA: Aos poucos, a criança desenvolve a coordenação motora necessária para fazer algumas tarefas. Desde que sejam auxiliados e supervisionados, os pequenos podem ajudar a cortar os alimentos, a lavar os utensílios, a mexer e a acrescentar ingredientes.

PODER DE ESCOLHA: Peça sempre para a criança escolher cores diferentes para compor o prato — isso garante muitos nutrientes e desperta o interesse dos pequenos. Leve-os ao mercado, apresente os alimentos e ensine sobre eles.

A INTRODUÇÃO ALIMENTAR PELO OLHAR NUTRICIONAL

DRA. ANA CEREGATTI

INICIANDO A VIDA ALIMENTAR DA CRIANÇA

Na área materno-infantil, existe o conceito dos "mil dias do bebê", que vai da concepção até o segundo ano de vida. É claro que os cuidados devem permanecer depois dos mil dias, mas o que acontecer nessa fase será determinante para expressar ou suprimir o potencial de doenças nas várias esferas da vida, não só na física.

Para termos bebês e crianças saudáveis, nós, adultos, precisamos ser saudáveis. E isso só vai acontecer se fizermos uma reavaliação constante do que colocamos no nosso carrinho de compras, no nosso prato e na nossa boca.

Até os seis meses, o ideal é que o leite materno seja o único alimento ingerido pelo bebê. Nada de água ou chazinho. Além de atender às necessidades nutricionais da criança, o aleitamento materno reduz a chance de doenças e reforça o vínculo com a mãe. Do ponto de vista da mãe, a amamentação reduz o sangramento pós-parto e ajuda na recuperação do peso pré-gestacional.

O PRATINHO E A ROTINA ALIMENTAR

Depois disso, a rotina alimentar diária da criança até um ano tende a ser bastante simples: leite materno ou fórmula infantil ao acordar, frutas nos lanchinhos da manhã e da tarde e o famoso "arroz e feijão, verduras e legumes" no almoço e no jantar.

O prato deve ser dividido em três: uma parte para o grupo dos cereais e/ou tubérculos, outra para o grupo das leguminosas e outra para as hortaliças. Observe que dois terços do prato são compostos de alimentos que têm uma boa quantidade de carboidratos e de proteínas. O terço restante vai contribuir com uma boa quantidade de fibras. Dê uma olhada nas fotos para ver como os pratinhos ficam lindos!

Independentemente do método, é importante que leguminosas e cereais façam parte do prato no almoço e no jantar. Se for o hábito da família, também pode ser oferecido fruta após as principais refeições. Essa distribuição em terços pode ser mantida até a idade escolar e o começo da adolescência, especialmente se a criança estiver com o peso adequado. Se já houver sinais de sobrepeso, daí pode ser interessante dividir o prato como os adultos: ¼ de cereais ou tubérculos, ¼ de leguminosas e ½ prato para as hortaliças.

Por volta de um ano, já não há mais a necessidade de alterar a consistência dos alimentos e o prato passa a ter o mesmo visual do da família. E aqui esperamos que a família tenha um hábito alimentar adequado, para que as crianças, desde pequenas, possam imitar seus cuidadores. Vai ficar bastante difícil convencer os filhos a comer verduras e legumes se não tiverem sido acostumados a isso, que é o que acontece quando os responsáveis não têm esse hábito. A introdução alimentar é uma grande oportunidade de reflexão: as crianças são um estímulo para os adultos se tornarem sua melhor versão.

Outro ponto bem importante da alimentação diz respeito ao ritmo. Mesmo com crianças que mamam em livre demanda, é importante ter uma faixa de horário mais estável para fazer cada uma das refeições, respeitando a rotina de sono e de vigília de cada uma. O ritmo traz mais segurança, tanto na vida das crianças pequenas ou das maiores, como na vida dos adultos. No nosso caso, ampliamos as rotinas, como rotina de trabalho, de descanso, de sol, de dormir e de se alimentar. Se temos bons ritmos para cada uma das nossas atividades cotidianas, conseguiremos apresentar ritmos melhores para os pequenos.

ÁGUA

A partir do momento que outro alimento além de leite materno ou fórmula infantil fizer parte da rotina da criança, será necessário oferecer água. Chás e sucos não são necessários nem recomendados. Em geral, tampouco se recomenda beber água durante as refeições, mas ela pode ser bem-vinda às vezes. Se o bebê começar a rejeitar a refeição, pode ser que esteja com sede, mas não necessariamente satisfeito. Vale dar um pouquinho de água e voltar a oferecer o alimento. Se for sede, pode ser que ele coma mais um pouco.

A água é a mesma que a família consome, podendo ser tanto mineral quanto filtrada. Ela pode ser oferecida de diversas formas: no copo normal, na garrafinha, em copos de transição, no canudo... Evite mamadeira e procure sempre dizer "Isto é água", para a criança ir fazendo a associação e buscar por ela quando estiver com sede. Conforme for crescendo, engatinhando ou andando, vale espalhar garrafinhas pela casa, que fiquem à mão da criança, com o objetivo de estimular o consumo.

JANELA IMUNOLÓGICA

É o nome dado ao período em que o sistema imunológico está se desenvolvendo e fica mais propício a "aprender".

hidratar com água é essencial; deixe sempre ao alcance

Normalmente vai do nascimento até um ano. É entre seis e dez meses que se desenvolve tolerância aos alimentos mais alergênicos, por isso, é importante provar de tudo nessa fase da vida.

O único alimento familiar à criança desde o nascimento é o leite materno. Mas existem alguns alimentos que são mais "estranhos" ao organismo da criança: no reino vegetal, amendoim, soja, trigo e oleaginosas; no reino animal, ovo, leite de vaca (e de outros mamíferos), frutos do mar e peixes. Esses alimentos devem ser apresentados em pequenas quantidades, porém não basta um único contato com eles para desenvolver a tolerância. É necessária certa regularidade de consumo por um período. Depois, eles não precisam mais fazer parte da rotina alimentar da criança.

Para famílias que optam por uma alimentação totalmente baseada em plantas, a apresentação dos alimentos de origem animal é opcional, sabendo que é possível que o alimento seja bem aceito pelo organismo mesmo se a criança não tiver tido contato com ele na infância e resolver consumi-lo na vida adulta.

Como as alergias e intolerâncias alimentares são mais exceções do que regra, recomendo que o tema seja conversado com a pediatra, especialmente se um dos pais tiver histórico. Receitas com alimentos mais alergênicos estão sinalizadas ao longo do livro.

SUPLEMENTOS

Crianças de até dois anos que seguem uma alimentação baseada em plantas receberão os mesmos suplementos que crianças que seguem uma alimentação que inclua alimentos de origem animal. Depois dessa idade, embora não haja uma recomendação oficial do Ministério da Saúde e da Sociedade Brasileira de Pediatria, vale dizer que a suplementação deve ser considerada para todas as crianças, independentemente da sua opção alimentar, preferencialmente através de avaliações laboratoriais.

FERRO

A Sociedade Brasileira de Pediatria recomenda a suplementação de ferro para toda criança em aleitamento materno exclusivo, a partir dos três meses de vida. Também recomenda a suplementação de vitamina D para todas as crianças, especialmente aquelas que não forem expostas rotineiramente ao sol, algo que seria maravilhoso de ser feito diariamente nos horários adequados.

B12

Uma vitamina que costuma gerar dúvidas é a B12, normalmente encontrada em alimentos de origem animal. Para as crianças que iniciam a vida alimentar com uma dieta baseada em plantas, a suplementação é recomendada e deve ser feita sob a orientação da pediatra ou da nutricionista, pois será necessário avaliar os níveis maternos da vitamina B12 durante a gestação e o início da lactação.

A falta de B12 pode ser encontrada em qualquer pessoa, crianças ou adultos, inclusive nas que se alimentam de produtos de origem animal, como carnes, ovos e laticínios.

ÔMEGA 3

O ômega 3 também segue o mesmo caminho da B12, pois essa gordura, indispensável para nosso organismo e que precisa ser obtida através da alimentação, costuma ser associada ao consumo de peixe. A verdade é que ela é abundante nas algas, que alimentam alguns peixes — por isso, não são todos os peixes que podem ser considerados fonte de ômega 3. Esse nutriente também é abundantemente encontrado nas sementes de chia e de linhaça.

Até o sexto mês de vida, a criança receberá esses nutrientes através do leite materno ou da fórmula infantil. A partir da introdução alimentar, há duas opções: oferecer o óleo de

linhaça ou de chia prensado a frio, puro ou misturado aos alimentos, ou fazer a suplementação na forma líquida do DHA (a forma ativa do ômega 3). Converse com a nutricionista ou com a pediatra que acompanha a criança para ver a melhor alternativa. Crianças maiores, adolescentes, adultos e idosos podem optar pelo óleo, pelas sementes trituradas ou as cápsulas de ômega 3. Detalhe: o óleo não pode ser aquecido ou levado ao fogo.

CÁLCIO

Essencial para funções importantes do corpo, como transmissão de impulso nervoso, batimentos cardíacos e regulação de pressão arterial, o cálcio também compõe nossos ossos e dentes. A necessidade de cálcio é atendida pelo leite materno ou pela fórmula infantil no primeiro ano de vida, mas depois essa necessidade quase triplica, e é necessário fazer ajustes na ingestão dos principais alimentos fonte deste mineral.

O alimento mais rico em cálcio é o gergelim, que uma vez apresentado à criança e aceito pelo seu sistema imunológico deve fazer parte da rotina alimentar sob a forma de sementes trituradas ou tahine. As folhas escuras, tais como couve, rúcula e agrião, além do brócolis e do quiabo, também são ricos em cálcio — é melhor consumi-los cozidos para reduzir o volume e comer mais. A chia é fonte de ômega 3 e de cálcio, e pode ser adicionada às mais variadas receitas e fazer parte das refeições diariamente.

Entre os cereais, o amaranto é o que tem mais cálcio. Vale a pena consumi-lo em flocos ou em grãos, e este livro está recheado de receitinhas com ele! No grupo das leguminosas temos o feijão-branco e o tofu, cujo teor de cálcio pode variar de acordo com o fabricante. A dica é conferir a lista de ingredientes: os tofus mais ricos em cálcio são coagulados com sulfato de cálcio.

PRECONCEITOS

São muito comuns os questionamentos bem enfáticos quando os responsáveis optam por não introduzir alimentos de origem animal a um bebê. Mas a criança não vai ter seu desenvolvimento prejudicado, não vai ficar fraca, desnutrida ou anêmica — isso é pura desinformação.

Há bastante embasamento científico para a adoção de uma alimentação totalmente vegetal nas várias fases da vida, incluindo gestação, lactação, infância e terceira idade, desde que a estrutura alimentar seja bem planejada, como sempre deve ser. Uma criança que só se alimenta de leite de vaca, pão, macarrão e carne não é tão criticada quanto uma que come frutas, cereais, leguminosas, hortaliças e nada de carne. Ainda há muito preconceito.

Como já falamos, se o prato da criança for bem dividido entre os vários grupos alimentares e se garantirmos a presença de leguminosas e cereais nas principais refeições, é muito improvável que haja falta de proteínas. Além disso, é muito importante esclarecer que absolutamente todos os aminoácidos (menor unidade de uma proteína) indispensáveis estão presentes no reino vegetal.

CURVAS DE CRESCIMENTO

Existe um instrumento bastante importante que deve ser utilizado para o acompanhamento do ganho de peso e de altura da criança. São as curvas de crescimento desenvolvidas pela Organização Mundial da Saúde (OMS) que avaliam crianças ao redor do mundo — as que recebem aleitamento materno exclusivo até o sexto mês e as que seguem uma alimentação saudável.

Vale lembrar, no entanto, que elas são apenas uma referência. Mais importante do que estar na curva central, na qual 50% das crianças se encontram, é seguir a tendência de inclinação da curva, independentemente do lugar em que se esteja. Estudos comprovam que crianças vegetarianas que se alimentam adequadamente, como qualquer criança deveria se alimentar, se desenvolvem tão bem quanto as crianças onívoras.

MITO DA ANEMIA

O mesmo grupo das leguminosas, que deve ter presença obrigatória na vida de qualquer pessoa, será a principal fonte de ferro e de zinco em uma opção 100% vegetal. E aí já esclarecemos mais um mito: de que crianças que não comem carne serão necessariamente anêmicas. A anemia e a carência de ferro, como já falamos, são comuns em crianças independentemente da opção alimentar. Comendo ou não comendo carne, a suplementação de ferro deverá ser iniciada de acordo com a orientação da pediatra ou da nutricionista.

Muita gente acha que as carnes são super-ricas em ferro, mas a verdade é que, com exceção das vísceras e especialmente do fígado, cem gramas de carne vermelha têm praticamente o mesmo teor de ferro de uma concha de feijão cozido. Aves, porco e peixe têm um teor muito baixo de ferro. Assim, crianças, adolescentes ou adultos precisam contar com a fonte de ferro de alimentos de origem vegetal, especialmente leguminosas, cereais integrais e oleaginosas.

todos precisam contar com fontes de ferro de origem vegetal

Algumas dúvidas frequentes

O BEBÊ PODE MAMAR NO PEITO ANTES OU DEPOIS DE COMER?
Certamente! Antes ou depois. A composição do leite materno não interfere de forma negativa no aproveitamento dos nutrientes dos alimentos. Mas vale ficar de olho para a criança não mamar muito antes da refeição para não rejeitar a comida por já estar satisfeita.

QUANTO O BEBÊ/A CRIANÇA DEVE COMER?
Cada criança, especialmente na introdução alimentar, vai autorregular a quantidade de alimento ingerido. Vale lembrar que essa é uma fase de experimentação. Ela está conhecendo cores, formas, texturas e sabores. Quanto mais variedade, melhor. Nesse comecinho, o leite materno ou a fórmula infantil ainda seguram a barra. Conforme a criança for crescendo e o leite for sendo reduzido, o volume de alimentos vai aumentar naturalmente, mas ainda será regulado pela própria

criança a partir de suas necessidades. É importante dizer que depois que a criança faz um ano a velocidade de crescimento (ganho de peso e de altura) diminui, portanto o volume de comida tende a reduzir também.

O QUE A MÃE COME PODE DAR CÓLICA NO BEBÊ?
Antes de mais nada é importante dizer que a cólica é algo natural que pode ou não acontecer enquanto o trato digestório não estiver bem desenvolvido. Esse amadurecimento ocorre por volta do terceiro ou quarto mês de vida. A colonização do intestino do bebê começa durante a gestação. O parto também influencia na composição dessa flora intestinal, e o leite materno dá seguimento ao processo. Uma mãe que se alimenta de alimentos frescos, integrais, vegetais e naturais passará compostos variados e bastante nutritivos durante a gestação e lactação.

BEBÊS QUE NÃO COMEM ALIMENTOS DE ORIGEM ANIMAL PRECISAM FAZER EXAME DE SANGUE?
Não existe qualquer necessidade de colher sangue de um bebê apenas por causa da escolha alimentar. Seguir com o aleitamento materno ou fórmula infantil, com as suplementações recomendadas e com uma alimentação bem estruturada é tudo o que o bebê precisa para o seu desenvolvimento.

BEBÊ PODE TOMAR LEITE VEGETAL?
Sim, porém nunca como substituto do leite materno ou da fórmula infantil. Se essa for a opção da família, ele poderá ser oferecido a partir da introdução alimentar, como parte de algumas receitas. Lembrando que até o bebê completar um ano a comida deve ser simples.

O TEMPO DA INTRODUÇÃO ALIMENTAR

FABIOLLA DUARTE

Comer no início da vida é se tornar cada dia mais terrestre, como diria a antroposofia, e viver uma intensa revolução cognitiva e de linguagem, como diriam os neurocientistas. Não existe um método que dê conta disso. Todas as maneiras clássicas de oferta alimentar para bebês em nossa cultura atual partem do pressuposto de que o bebê, mesmo quando maduro para comer, é um ser frágil e incapaz de lidar com alimentos. Focamos em distrações e esperamos que comam grandes quantidades. Gosto muito do que o pediatra e psicanalista Winnicott dizia: "Um bebê precisa de uma mãe suficientemente boa". O que seria então uma introdução alimentar suficientemente boa?

Deveria ser, no mínimo, partir da investigação de como os bebês possivelmente se sentem ao ser alimentados. Introdução alimentar é muito mais um salto de desenvolvimento multidisciplinar do que uma janela nutricional que precisa urgentemente ser atendida. É ali, no começo das comidinhas, que o bebê vai tecendo seu repertório alimentar e afetivo, é a partir dali que sua relação com a comida é sedimentada. Mas nada de terrorismo psicológico: tudo no campo do comportamento alimentar infantil pode ser cuidado infância afora.

Paralelamente a isso, quero dizer que precisamos olhar para nossas expectativas em torno dessa fase. A verdade é que num dia os bebês comem, no outro não comem, no outro comem muito, depois comem quase nada. Em saltos de desenvolvimento, é preciso motor de arranque, pausas para integração, retomadas. Esse ritmo não linear tem a ver com o tanto de aprendizagem que os saltos de desenvolvimento envolvem. O leite materno ou a fórmula infantil vão garantir que o bebê está nutrido. Assim, na introdução a criança é

como um cientista se deparando com um mundo tridimensional que quer conhecer com seu instrumento mais poderoso: a boca.

Cada bebê tem seu tempo, e a introdução é a fase mais lúdica da vida alimentar de uma criança, quando ela pode comer ou não comer. Talvez só crie familiaridade, aos poucos, com a comida, enquanto desenvolve habilidades motoras finas, foco, visão tridimensional, cognição, paladar, olfato e tato, e realiza muitas, muitas, muitas sinapses cerebrais. Portanto, se faz urgente olhar para a introdução alimentar como um momento de potência motora e cognitiva em vez de alguns minutos de alta ingestão de calorias. Mães, pais e cuidadores ansiosos por bebês comilões ignoram o que a introdução de alimentos realmente significa: o começo de um namoro com a comida.

Não há erro na introdução alimentar que não se possa reparar, tampouco existe um modelo perfeito. Cuidar do início da alimentação do bebê não é uma questão de acertar, e sim de sustentar seu campo de tentativas, interesses, desinteresses e explorações.

ASPECTOS DA PRONTIDÃO E QUANDO COMEÇAR

O estudo sobre os aspectos da prontidão para comer é complexo. Muitos deles são invisíveis, como a maturidade digestiva; o único de que se pode ter certeza é a autonomia motora.

A maior parte dos bebês começa mesmo a comer com oito ou nove meses de vida. Tudo bem se isso acontecer antes ou depois, mas não se preocupe com os famosos seis meses. Se seu bebê não sofre de nenhuma síndrome, assista à evolução do seu interesse sem pressões. Não basta se sentar, é preciso conseguir ir até a comida, manter a coluna vertical, sustentar a cabeça com o pescoço, ter o mínimo de destreza manual e condições de mastigar e engolir um alimento.

O que deveria regular nosso calendário de introdução alimentar é o interesse do bebê pela comida e sua capacidade mínima de ir até ela e levá-la até a boca. O bebê pode até passar por uma introdução alimentar com papinhas, se esse modelo for a escolha da família, mas não deve ser alimentado se não expressou desejo de comer e se seu corpinho não der conta de se manter sentado livre de apoios e dando conta minimamente de se inclinar para ir até a colher e abrir a boquinha, em vez de ficar sentado atado em um cadeirão, absolutamente passivo, recebendo colheradas simultâneas sem se dar conta do que está acontecendo com ele. É importante lembrar que a meta não é comer, e que comer é muito mais do que ingerir alimentos.

Em suma: esperemos os bebês desejarem comer e deixemos que interajam com a comidas desejada na proporção em que dão conta de fazê-lo. Vale lembrar que existe um núcleo familiar que de alguma maneira também está vivendo transformações por causa da introdução alimentar. Esse núcleo é atravessado coletivamente pela inauguração de uma nova maneira de comunicação, em que um bebê usa seu corpo para dizer o que quer ou não comer. A família pode escolher aprender a ler esse corpo e seguir de mãos dadas com ele aprendendo cada dia mais sobre quem é esse sujeito em construção, aprendendo sobre a cultura em que estamos todos inseridos.

MÉTODOS DE INTRODUÇÃO ALIMENTAR

Sobre modelos de introdução alimentar: são muitos e cada um deles tem um argumento como ponto de partida. Mas nenhum garante que seu bebê vai comer. O que garante isso é ele estar pronto e o ambiente alimentar durante as tentativas e os erros ser leve e respeitoso.

Gosto muito de falar que o mais acertado método é aquele que melhor se encaixa com o perfil familiar. Seja qual for sua escolha, deve ser respeitado o tempo do bebê. Nunca o distraia para comer, nem insista que coma se ele não quiser mais.

o melhor método de introdução alimentar é o que a família melhor se adaptar

PAPINHA: É uma mistura de alimentos cozidos ou uma receita de um alimento só com textura lisa, oferecida ao bebê em colheradas. Ele não mastiga: permanece passivo recebendo as colheradas e apenas engole. Com esse método, o cuidador tem maior controle da quantidade ingerida.

BLW: *Baby led weaning* é uma expressão da língua inglesa que quer dizer literalmente "desmame conduzido pelo bebê" — isso porque nessa cultura desmame e introdução de alimentos se misturam no imaginário parental. Na prática, no BLW os bebês comem sozinhos, com as mãos, alimentos em pedaços de tamanho médio ou grandes. Nesse método, o bebê é muito ativo: mastiga, desenvolve seu sistema motor e cria um vínculo lúdico com a comida (veja mais na p. 42).

PARTICIPATIVA: O bebê recebe colheradas, mas também pode interagir com comidas sólidas. De modo geral, esse método é usado para garantir que o bebê coma mesmo se estiver "apenas brincando com a comida". Aparentemente, aqui o bebê está livre para migrar de um modelo alimentar a outro, mas, dependendo de como o cuidador conduz a alimentação, ele pode estar distraído enquanto interage com alimentos sólidos ou recebe colheradas de papinha.

Para cada um desses métodos tenho críticas e vejo benefícios, por isso o que importa é que a família esteja confortável. Gosto muito da ideia de não escolher um método e deixar os modos de alimentação do bebê surgirem espontaneamente. Pode ser até que uma família viva todos os métodos misturados em um dia, ou em blocos. Não importa. Nenhum deles deixa o bebê "mal-acostumado" ou impede seu desenvolvimento. O que importa aqui é como a experiência alimentar é vivida.

ENGASGOS E REFLEXO DE GAG

Engasgos são o maior pesadelo das famílias quando a fase da introdução de alimentos começa. Pessoas de qualquer idade podem engasgar: é um acidente da deglutição. Com bebês, as chances podem ser diminuídas respeitando o aparecimento dos sinais de prontidão do bebê antes de oferecer comida.

O reflexo de GAG, ou reflexo faríngeo, costuma acontecer na introdução alimentar e muitas vezes é confundido com um engasgo real. No engasgo, a glote é obstruída e a respiração interrompida, exigindo uma manobra de desengasgo. Já o reflexo de GAG é apenas uma adaptação ao alimento e à mastigação. O bebê faz uma carinha de ânsia e você vê o pedaço de comida na língua ou no céu da boca. Ele mexe músculos dos ombros e tosse, até que dá conta de eliminar o alimento. É importante dizer que, se isso ocorrer com muita frequência, pode ser porque o bebê não está pronto para comer.

A recomendação é nunca deixar um bebê sozinho enquanto ele está comendo. Nunca o distrair para comer, nunca insistir ou forçá-lo a comer.

O QUE COMER E A CONSTRUÇÃO DO PALADAR

Comidas apropriadas para um bebê em introdução alimentar são comidas caseiras, locais e livres da pressão de um mês de experimentações. Quanto mais simples for o gerenciamento da alimentação familiar, mais leve será cuidar da introdução alimentar do bebê. E quanto mais específica for a alimentação do bebê nesse período, maior a expectativa para que ele coma, maior a pressão, maior a frustração, maiores as chances de se lidar mal com eventuais recusas.

No que concerne à construção do paladar, não se preocupe. Ela não se dá a partir de variedade, e sim da qualidade da interação do bebê com a comida.

VAMOS COMEÇAR?

AMBIENTE: Torne o espaço calmo e acolhedor para esse momento tão especial. O ambiente das refeições deve ser tranquilo, e a atenção deve se voltar somente à comida. Oferecer distrações na hora de comer pode ser um caminho sem volta. Estímulos externos fazem com que a criança não preste atenção na comida, não mastigue direito e até perca a noção de quanto está consumindo, podendo comer menos ou mais do que o necessário para saciar a fome.

Além disso, certifique-se de criar um ambiente seguro. Seu bebê deve estar em um lugar tranquilo e sem muita informação, sentado em uma cadeira alta, de preferência um cadeirão. Os mais recomendados são os duros e menos confortáveis, para seu bebê estar atento. Ele jamais deve comer "em movimento", seja no carrinho ou no carro.

DISPOSIÇÃO: É importante que o bebê esteja disposto na hora de se alimentar. Se estiver com sono, irritado, faminto ou saciado, isso pode atrapalhar o processo.

Uma coisa que tenho percebido aqui em casa é que Chico se alimenta bem melhor quando está fresquinho. Se o dia estiver quente, um banho de pia geladinho desperta e abre o apetite dele!

VARIEDADE E ESCOLHAS: Desde o início, costumo ter mais de um alimento para oferecer para o Chico, porque tem dias que estamos com vontade de uma coisa e dias que estamos com vontade de outra. Não é porque seu bebê não quis comer a banana que não vai dar bola para a mexerica. Tenha sempre cartas na manga.

Deixe a criança fazer parte das escolhas. Mostre opções de frutas para que veja qual está com vontade de comer.

PRESENÇA: Esteja presente na hora de oferecer um alimento a seu filho. Caso esteja com pressa, veja se outra pessoa pode fazer isso. As crianças sentem nossa ansiedade, e a hora da comida deve ser calma e respeitar o tempo delas.

CORES E TEXTURAS: Na hora de montar o prato, brinque com as cores e texturas para despertar interesse e curiosidade. Apresente o alimento de forma lúdica, conte histórias divertidas sobre ele. O pão do Hulk que deixa mais forte, o bagel de cenoura que permite enxergar através das paredes.

COMECE DEVAGAR E DE POUQUINHO

Não queira introduzir uma refeição completa logo no início. Prepare pratos com pequenas porções. É importante que seja um processo lento, para acolher o bebê e as expectativas da família.

Escolha um ou dois alimentos por refeição, para a criança ir se habituando e curtindo. À medida que seu organismo for se acostumando a fazer a digestão e a absorção dos sólidos, aumente a variedade, a quantidade e o número de refeições.

na hora de montar o prato, brinque com as cores e texturas para despertar interesse e curiosidade

BLW: CORTES E TEXTURAS

De modo geral, o corte BLW deve ser no sentido do comprimento dos alimentos, deixando um pedaço para que a criança consiga segurar. Manter um pouco da casca facilita a pega em algumas frutas, como banana, abacate e manga. Outra opção é "empanar" com ingrediente seco, com textura de farinha ou flocos, para não escorregar. Escolha opções nutritivas, como farinha de aveia, coco ralado sem açúcar, amaranto ou quinoa em flocos, farinha de nozes ou sementes.

No início, é preferível oferecer alimentos de fácil manuseio. Os cuidadores devem conseguir esmagá-los com dois dedos (polegar + indicador), para que o bebê consiga mastigar com as gengivas. Alguns alimentos, como brócolis, não podem estar moles demais para não desmanchar quando o bebê pegar, já que eles não controlam a própria força. No entanto, não é preciso oferecer apenas alimentos moles: alimentos duros podem ser cozidos para facilitar a mastigação.

Por volta dos nove meses, o bebê já vai ter mais autonomia na hora de comer. Vai se sentir mais seguro, controlar mais sua força e fazer novos movimentos com os dedos. A pinça (o encontro do polegar com o indicador), por exemplo, é um sinal de que está na hora de oferecer pedaços menores para a criança pegar e levar à boca. Grãos arredondados, como lentilha, feijão e ervilha, também podem ser oferecidos em pedaços menores nesse momento, embora não possam ser oferecidos no início da introdução alimentar.

Atente aos cortes seguros e a textura certa dos alimentos. Se tudo for feito com atenção e no tempo certo, não existem riscos maiores de engasgo.

CORTES

Nas primeiras semanas, os alimentos serão oferecidos em tamanhos maiores, semelhantes ao tamanho de um dedo indicador; já a grossura pode ter em média de um dedo a um e meio, o que vai mudar de acordo com a textura do alimento.

Por volta dos nove meses, os bebês já começam a desenvolver o movimento da pinça. É um ótimo momento para diminuir o tamanho, e os "palitos" podem ser cortados em cubos.

Preparei para você algumas fotos para facilitar na hora do corte. Elas estão espalhadas pelo livro (no início de cada capítulo). Porém, é importante levar em consideração que cada bebê se desenvolve no seu tempo, portanto é fundamental o acompanhamento de um profissional de saúde.

MINGAUS: MÉTODOS DE COZIMENTO E ALGUMAS BASES

Mingau foi a primeira preparação com que o Chico teve contato. Depois de apresentar os alimentos in natura, chegou a hora de ele conhecer algo mais consistente e "complexo". O mingau é versátil, nutritivo e vai bem a qualquer hora do dia. Dá um café da manhã nutritivo, lanchinho da tarde ou até mesmo ceia.

O mingau no fim do dia foi meu grande aliado para conseguir esticar um pouco mais as noites de sono do pequeno, que andava acordando bastante nas madrugadas para mamar. É o tipo de alimento que conforta, traz saciedade e bem-estar. Além de todos os benefícios nutricionais, o mingau ainda é prático.

Tenho algumas receitinhas gostosas de mingau para inspirar você, claro, mas meu intuito é que você saia da "caixinha" e prepare seu próprio mingau com o que tiver em casa.

Aqui vão as etapas para preparar qualquer mingau:

1. ESCOLHA SEU CEREAL DE BASE
A aveia é o mais habitual, porém temos muitas possibilidades. Aqui em casa, os mingaus muitas vezes nascem do cereal que preparei para o almoço. Vale tudo: arroz, quinoa, trigo-sarraceno, painço, cevadinha, cuscuz… e por aí vai!

Você pode optar por cereais secos, como flocos de aveia, quinoa ou amaranto, ou ainda por farinhas nutritivas, como de aveia ou de trigo-sarraceno.

DICA
- Se optar por cereais secos em flocos, faça um demolho com o líquido que escolher para o mingau, deixando descansar por 15 a 30 minutos antes de preparar.

2. ADOÇANTE NATURAL

Frutas frescas, pera, pêssego e banana são os adoçantes mais utilizados por aqui. A banana costumo apenas amassar; nos outros casos tiro a casca e passo no ralador mais fino para facilitar na hora do cozimento e agilizar o processo.

3. LÍQUIDO

A fruta raladinha ou amassada já garante maior cremosidade, e a água funciona bem. É claro que um toque de leite vegetal feito em casa (ensino vários neste livro) deixa o mingau ainda mais gostoso, mas sugiro esperar um pouco para introduzi-lo. Acrescente o leite vegetal na finalização com uma proporção de 80% água e 20% leite, e vá aumentando pouco a pouco. É importante ficar atento a possíveis alergias alimentares quando se trata de leites vegetais: siga sempre as orientações de um profissional.

QUANTIDADE

Vai depender da consistência do cereal. Se optar por aveia em flocos grossos, por exemplo, vai precisar de mais água; se optar por uma farinha, menos.

Para flocos grossos, sugiro o dobro ou o triplo de líquido, mas o tamanho da panela e a intensidade da chama também influenciam. Para farinhas ou cereais já cozidos, podemos pensar em uma proporção igual de líquido ou um pouco mais, dependendo da fruta.

4. FOGO

Escolha uma panela proporcional à quantidade de mingau que vai preparar, e uma que não grude. Adicione todos os ingredientes antes de começar o cozimento.

DICA

- É possível preparar um mingau que não vai ao fogo, também conhecido como overnight (p. 179).

5. UM TOQUE ESPECIAL

Aqui entram os realçadores de sabor naturais, especiarias como canela, anis-estrelado, noz-moscada, gengibre e cardamomo. Uma pitadinha de sal também cai muito bem, conferindo "profundidade" ao mingau e destacando a doçura. Os realçadores são colocados no início do cozimento.

6. BASE NUTRITIVA

Adicione sementes de chia moída antes de começar o cozimento para dar mais saciedade e nutrientes como ômega 3. Cozinhe e mexa sempre. Assim que o mingau ferver, abaixe o fogo e mexa sem parar de 5 a 15 minutos, a depender da quantidade de mingau e do tamanho da panela. Vá adicionando um pouco de leite ou água para obter a consistência desejada.

7. A CEREJA DO BOLO

Personalize seu mingau para deixá-lo ainda mais gostoso, nutritivo e atrativo para a criançada. Chame seu pequeno para te ajudar a dar esse toque especial. Você pode incluir frutas frescas picadinhas e frutas vermelhas, uma textura crocante com nozes, sementes ou granola, ou deixar mais cremoso com um pouco de pasta de amendoim, de castanhas ou de sementes.

O PRIMEIRO MINGAU

Rende: *1 porção*

Foi emocionante preparar nosso primeiro mingau, quentinho, adocicado e muito acolhedor. Senti que mais uma etapa estava chegando: a hora de "passar meu pequeno para o seio da mãe natureza", como diz Sonia Hirsch em seu livro *Mamãe, eu quero +*.

> ½ colher (sopa) de farinha de aveia sem glúten
> 1 maçã
> Água

Descasque e tire as sementes da maçã, depois rale-a bem fininha ou bata até virar um purê. Coloque em uma panela pequena e adicione a farinha de aveia e ½ xícara de água. Se a panela for grande, vai precisar de um pouco mais. Tampe e deixe cozinhar, mexendo sempre, até que tudo esteja bem macio.

Se for dar de colher, deixe mais molinho. Se o bebê for comer com as mãos, destampe e cozinhe até reduzir bem e ficar com ponto de brigadeiro e você consiga ver bem o fundo da panela.

Deixe esfriar e sirva levemente morno.

DICA

• Comece introduzindo a farinha de aveia e depois migre para aveia em flocos finos e grossos.

SUBSTITUIÇÕES

• Use outras frutas leves e de fácil digestão, como pera ou pêssego.

• Troque a farinha de aveia por outra farinha nutritiva, como de quinoa ou amaranto.

MINGAU DE PAINÇO COM BANANA, COCO E MIRTILOS

Rende: *1 porção*

1 banana pequena
¼ de xícara de água ou leite vegetal
1 colher (sopa) de painço cozido
1 colher (sopa) de coco ralado sem açúcar
1 punhado de mirtilos
Sal (opcional e só para bebês acima de 1 ano)

MINGAU DE PERA COM QUINOA E CASTANHAS

Rende: *2 porções*

1 pera
½ xícara de água
1 colher (sopa) de quinoa em flocos
½ colher (chá) de óleo de coco ou manteiga de cacau
¼ de xícara de leite vegetal

OPCIONAIS
1 punhado de castanhas picadas
Canela em pó
½ colher (sopa) de uva-passa branca (só para bebês acima de 1 ano)

AVISO: Esta receita inclui oleaginosas, que podem ser alergênicas.

BARRINHA DE MINGAU

Rende: *8 porções*
Utensílios: *1 assadeira para pão e papel-manteiga ou dover*

Sabe aquele mingau que sobrou do café da manhã? Pode se tornar um lanchinho da tarde prático e delicioso.

1 xícara de mingau
1 colher (sopa) de óleo de coco ou manteiga de cacau
1 colher (sopa) de chia moída na hora

OPCIONAIS
Geleia sem açúcar ou purê de frutas

COMPLEMENTOS
Mirtilos, nozes ou uvas-passas hidratadas (só para bebês acima de 1 ano)

ESPECIARIAS
Extrato de baunilha ou canela em pó

Preaqueça o forno a 170°C.
  Aqueça o mingau em uma panela grande (quanto maior mais rápido será o cozimento). Adicione o óleo de coco e mexa para incorporar. Se for usar purê de fruta ou geleia sem açúcar para adoçar, complementos ou especiarias, esse é o momento ideal.
  Mexa até chegar a uma textura firme que desgrude facilmente da panela e lembre massinha de modelar — isso deve levar de 10 a 15 minutos.
  Corte o papel-manteiga de modo que ocupe o fundo da forma e suba pelas laterais. Coloque a massa na forma e use as costas de uma colher com um pouco de gordura para acertar a altura.
  Leve para assar por cerca de 10 minutos, até firmar.
  Tire do forno, corte no formato desejado, coloque em uma assadeira maior para espaçar, e devolva ao forno por mais 5 a 10 minutos, até secar. Deixe esfriar. Sirva sozinho ou acompanhado de frutas e iogurte.

DICA
- Use cortadores divertidos e prepare biscoitos com a massa.

BOLINHAS DE MINGAU

Aqui vai uma preparação parecida com as barrinhas que ensinei na p. 50, porém mais prática porque não vai ao forno. Vamos utilizar sobra de mingau para preparar uma receitinha divertida para os pequenos que gostam de comer com as mãos.

    Adicione uma gordura boa que fique firme quando levada à geladeira, como óleo de coco ou manteiga de cacau. Leve a panela ao fogo médio, acrescente especiarias ou purê de frutas se quiser. Mexa sempre, até desgrudar da panela e ficar bem pegajoso.

    Mantenha na geladeira até esfriar totalmente, depois faça bolinhas e empane no coco ou em uma farinha nutritiva, se desejar.

COZINHANDO PARA O BEBÊ E RECEITAS BASE

As boas práticas de cozinha e higiene são essenciais no preparo das refeições. Eis algumas recomendações para fazer a comida do bebê:

- Lave as mãos antes e durante o preparo dos alimentos;
- Escolha alimentos íntegros, em bom estado de conservação;
- Armazene tudo de maneira correta: perecíveis em refrigeração e não perecíveis em uma despensa limpa e organizada;
- Higienize as embalagens dos alimentos que vão no congelador ou na geladeira;
- Utilize água filtrada ou fervida para o preparo de alimentos e para consumo diário;
- Evite a contaminação cruzada de alimentos crus e cozidos: tampe os potes que vão para a geladeira, use tábuas diferentes para o corte de cada tipo de alimento, não use o mesmo utensílio para manusear alimentos crus e cozidos;
- Observe a data de validade dos produtos;
- Nunca deixe a geladeira muito cheia e sempre a mantenha organizada;
- Higienize bancadas diariamente e troque panos de prato e esponjas com frequência;
- Esterilize os potes que vão para a geladeira ou para o congelador e divida os alimentos em pequenas porções.

PRATICIDADE

Minha sugestão aqui é trazer o bebê para o universo alimentar da família. Caso os hábitos alimentares não estejam de acordo com as necessidades de um bebê, faça o caminho inverso. Todo mundo comer a mesma comida é uma libertação. Mude os cortes e as texturas, coloque menos temperos, adapte de acordo com as necessidades e habilidades da fase que estiver vivendo.

Congelar preparações também é uma ótima carta na manga para os dias em que não der para preparar a refeição. Vou falar mais sobre isso na p. 77.

COZIMENTO

O cozimento é bem importante na introdução alimentar. Sugiro cozinhar sempre que possível no vapor, assim se consegue manter a textura e os nutrientes que se perderiam na água.

No início, é importante oferecer os alimentos bem macios. O ponto exato para minimizar o risco de engasgo é aquele em que o adulto consegue amassar com a ponta dos dedos. Com o passar do tempo e o ganho de novas habilidades, as texturas vão ficando mais firmes.

É importante tentar cortar todos os pedaços em tamanhos uniformes, para que o tempo de cozimento seja o mesmo. Caso coloque alimentos que cozinhem em tempos diferentes (mandioquinha e couve-flor, por exemplo), fique de olho para retirar cada um quando estiver pronto.

FORMA DE PREPARO

- Coloque a água para ferver com a panela tampada. A quantidade varia de acordo com o tamanho do corte e a textura que você deseja.
- Corte o alimento do tamanho desejado (confira cortes ao longo do livro, no início de cada capítulo).
- Coloque o alimento sobre a grade da panela de cozimento a vapor (ou use uma peneira de metal dentro da panela), borrife ou regue o alimento com um pouco de água e tampe. Para um cozimento eficiente, não encha demais o cesto: trabalhe em levas se necessário.
- Cozinhe até que o alimento esteja no ponto desejado, de acordo com as habilidades da criança.

DICAS

• Sempre que possível tempere os alimentos ainda quentes, quando são mais receptivos ao sabor.

• Caso opte por cozinhar na água, apenas cubra o alimento e cuide para não passar do tempo (quanto mais tempo na água, maior a perda de nutrientes). Quando faço purês, cozinho até evaporar toda a água.

• Aproveite a água do cozimento que sobrar em outras preparações, como feijões ou cereais.

• Utilize a mesma panela da preparação no vapor para preparar alimentos que serão cozidos na água e demandam um tempo mais longo, como arroz e feijão.

• Para um cozimento eficiente, não encha demais o cesto.

• Se optar por cozinhar na água, coloque folhas de temperos frescos, como manjericão, sálvia e alecrim, para agregar sabor. Especiarias, como cardamomo, anis-estrelado e folhas de curry, vão muito bem também!

todo mundo comer a mesma comida é uma libertação

Segue uma tabela para ajudar, considerando os alimentos cortados. É só uma referência: o tempo vai depender muito do tamanho do corte, da quantidade de alimento, do tamanho da panela e da textura desejada. Também sugiro o que deve ser cozido com e sem casca.

alimento	vapor	água	casca
abóbora	25-30		sem
abobrinha	15-25		com
aspargos	20-30	15-20	
batata-doce	20-30	15-25	sem
beterraba	40-50		sem
brócolis	15-20	5-10	
cenoura	20-30	15-25	sem
chuchu	15-25	10-15	sem
couve	5-15		
couve-flor	20-25	10-15	
erva-doce	25-35	15-25	
ervilha	25-30	15-20	
espinafre	5-10		
inhame	20-30	15-25	sem
mandioca		35-40	sem
mandioquinha	20-25	15-20	sem
milho		40-60	
quiabo	25-30	15-25	
rabanete	20-30	15-20	
tomate	10-15	5-10	com
vagem	25-35	15-25	

FORNO

Costumo fazer bastante coisa no forno para o Chico, pois já tínhamos esse hábito aqui em casa. Acho que o alimento fica mais encorpado e saboroso, e a textura é realçada. Dá para assar praticamente todos os vegetais e brincar com os cortes e as texturas.

Aqui vão algumas dicas para o início da introdução alimentar, quando os alimentos devem ser mais macios:

DICAS

- Após higienizar, fure o alimento algumas vezes para ajudar no cozimento.
- Opte por refratários ou assadeiras pequenas para que os alimentos fiquem bem próximos: quanto mais juntinho, mais macio.
- Faça um pré-cozimento em alimentos que demandam mais tempo de forno, como raízes.
- Sempre cubra a forma com papel-alumínio: o calor do vapor ajuda a cozinhar o alimento.

FORMA DE PREPARO

- Corte o alimento no formato desejado, de acordo com as habilidades do bebê.
- Pré-cozinhe, se necessário.
- Regue com uma gordura boa e tempere com ervas frescas ou secas e especiarias, se desejar.
- Cubra bem com papel-alumínio, sem deixar que o vapor escape, para manter o calor e ajudar no cozimento.
- Leve para assar no forno preaquecido a 170-180°C, até chegar à textura desejada.
- Fique de olho e vire na metade do tempo.

DICAS

- Borrife água de tempos em tempos ou coloque um pouco de água antes de cobrir e levar ao forno.
- Tenha duas assadeiras do mesmo tamanho e coloque uma sobre a outra na hora de assar.
- Sempre preaqueça o forno por pelo menos 15 minutos.

dá para assar praticamente todos os vegetais e brincar com os cortes e as texturas

REFOGADO

Refogar é uma forma de cozimento que eu adoro, e o Chico também (ele prefere chuchu, quiabo e vagem assim). Essa é uma ótima forma para agregar sabor e textura ao alimento, e o melhor: é rapidinho! O segredo? Gordura boa e alho, cebola, ervas secas ou especiarias.

FORMA DE PREPARO
- Escolha uma panela que não grude.
- Coloque uma gordura boa, que será o condutor do seu refogado, antes de acender o fogo.
- Fogo de médio a baixo, nunca alto.
- Se for usar alho, ele é o primeiro a entrar; se colocar junto com outros alimentos, sua água não vai deixar o alho cozinhar direito, o que pode dificultar a digestão.
- Se for usar cebola, ela entra logo depois do alho, junto com as ervas secas ou especiarias.
- O que for refogado entra depois, já no corte desejado.
- Mexa sempre que a panela estiver aberta.
- Tampe para abafar o calor, acelerar o cozimento e deixar o alimento mais macio.
- Temperos frescos entram assim que apagar o fogo.

DICAS

• Tenha sempre água por perto: ela ajuda a chegar ao ponto do cozimento ideal sem risco de queimar e sem precisar usar muita gordura para não grudar. Uma chaleira elétrica é um ótimo investimento.

• São gorduras boas para seu refogado: azeite, óleo de coco, gergelim ou uma boa manteiga (vegetal ou não). Fique longe dos óleos de milho, soja e canola.

PURÊS

Base incrível que vai bem como acompanhamento de muitos pratos. Durante a introdução alimentar, a criança que topa comer de colherada costuma gostar do toque mais aveludado do purê misturado aos demais alimentos. Aqui em casa, gosto de mostrar os alimentos e suas texturas, então o purê entra apenas nesse papel.

Você pode preparar o alimento assando no forno, cozinhando no vapor ou na água (no último caso, deixe a água secar bem, assim você consegue aproveitar os nutrientes).

Vou ensinar uma receita de purê para você se aventurar com o que tiver em casa. Pode usar raízes, oleaginosas ou até legumes mais firmes, como abóbora ou couve-flor. Tudo é possível: você pode conferir textura a folhas e temperos com uma base cremosa, por exemplo.

As quantidades exatas você vai sentir na hora de fazer, porque a textura do alimento influencia bastante. O gosto de quem vai comer é que vai dar o toque final: mais firme, mais cremoso, com pedacinhos ou aveludado.

O primordial é: tempere, amasse ou bata os ingredientes ainda quentes, para obter textura e sabor melhores.

DICA

- Você pode misturar mais um tipo de alimento e aproveitar bases mais cremosas, como inhame e mandioquinha.

SUGESTÕES DE COMBINAÇÕES

- Inhame e beterraba
- Inhame e cenoura
- Inhame e agrião
- Couve-flor e alho
- Mandioquinha e pesto
- Abóbora e gengibre
- Batata-doce, páprica defumada e sálvia
- Batata-doce, ervilha e hortelã
- Mandioca e milho
- Mandioca e edamame
- Batata-doce roxa e alho-poró

PURÊ BÁSICO

Rende: *2 a 4 porções*

1 xícara de raízes, legumes ou oleaginosas
Água ou leite vegetal
2 colheres (sopa) de azeite ou outra gordura boa de sua preferência

OPCIONAIS
Pitada de sal (para bebês acima de 1 ano)
Ervas frescas (salsinha, cebolinha, hortelã, manjericão ou molho pesto)
Especiarias (páprica, cúrcuma, curry, gengibre fresco)
Pasta de alho assado (p. 61)

Cozinhe a base no vapor, na água ou no forno até ficar bem macia. Passe em um espremedor e amasse bem, acrescentando um pouco de água fervente aos poucos para chegar à textura de purê.

Se optar por uma base mais firme, como edamame, coloque meia xícara em um liquidificador junto com a gordura boa, acrescente a água ou o leite vegetal pouco a pouco e vá batendo até virar um creme sem pedaços, depois vá adicionando o restante do edamame. Caso queira uma textura mais cremosa, dê o ponto com leite vegetal ou água. Adicione os opcionais de acordo com seu paladar.

AVISO: Esta receita inclui oleaginosas, que podem ser alergênicas.

PASTA DE ALHO ASSADO

Utensílios: *papel-manteiga e papel-alumínio*

Esta receitinha vai ser utilizada em muitas das preparações deste livro, e é uma maneira de trazer o delicioso sabor do alho de uma forma leve e de fácil digestão para o dia a dia dos pequenos. Além de gostosa, ela é superprática pois dura um mês na geladeira.

- 5 cabeças de alho
- 2 colheres (sopa) de azeite

Preaqueça o forno a 200°C.

Descasque os dentes de alho e corte apenas a parte de baixo, que os liga à cabeça. Corte dois pedaços de papel-manteiga, o suficiente para fazer uma trouxinha de cada sem sobrar muito papel.

Tempere o alho com azeite, divida entre as duas trouxinhas e feche bem. Embrulhe com papel-alumínio para que o vapor fique preso dentro da trouxinha. Faça isso com delicadeza para poder reaproveitar o papel-alumínio quando for preparar mais pasta de alho.

Leve ao forno por 50 minutos ou até 1 hora.

Retire e amasse ainda morno, depois coloque em potinhos pequenos para conservar por mais tempo e mantenha refrigerado por até um mês.

DICA

- Divida em mais de um potinho de vidro, para durar mais.

traz o delicioso sabor do alho de uma forma leve e de fácil digestão

TEMPERO VERDE

Esse pozinho foi o primeiro contato que o Chico teve com o universo dos temperos. Logo no início da introdução, quando ele estava completando sete meses, chegou a hora de conhecer novos sabores nos alimentos "simples". Uma pitadinha de tempero verde para cá, outra pitadinha para lá… foi nítido perceber como o apetite e a vontade de comer aumentaram com sabores mais complexos.

Por aqui, os temperos são sempre muito bem-vindos, até porque comemos todos a mesma comida. A do Chico tem uma pitadinha a menos de sal, mas as bases são as mesmas!

Esse tempero pode ser feito com os vegetais e ervas frescas que você tiver em casa. Só é preciso um alimento com uma quantidade boa de líquido para preparar uma pasta, que depois vai ao fogo baixo para desidratar.

> 1 maço de talos de erva-doce ou 1 abobrinha
> 1 maço de ervas frescas (como hortelã, salsinha, cebolinha, coentro)
> 1 talo de alho-poró
> Ervas e especiarias secas a gosto

Preaqueça o forno a 160°C. Caso tenha um desidratador, preaqueça a 100°C.

Pique grosseiramente todos os ingredientes. Bata a base rica em água (abobrinha ou erva-doce) no liquidificador até obter um creme. Se necessário, adicione um pouco de água, o mínimo possível, pois água implica mais tempo de forno.

Acrescente os demais ingredientes finamente picados e bata até ficar homogêneo. Distribua nas bandejas do desidratador ou em uma assadeira grande.

Mexa de 15 em 15 minutos, até toda a água evaporar. Se necessário, vá tirando as partes mais secas das laterais e continue assando apenas o que estiver úmido.

Passe em uma peneira ou bata no liquidificador, depois adicione especiarias secas se desejar. Coloque em um pote de vidro e tampe assim que esfriar totalmente.

Use para temperar suas preparações ou no lugar do caldo de legumes: basta colocar uma pitada na água do cozimento.

"OVO" PARA EMPANAR

Rende: ½ xícara

Esta receita é uma base ótima para quem não consome ovos e quer fazer preparações empanadas. Basta misturar as farinhas, temperar e dar o ponto com água quente. Você pode usar a farinha que preferir, mas o polvilho doce é fundamental para uma textura mais grudenta.

- 1 colher (sopa) de farinha de arroz branco ou de grão-de-bico
- 1 colher (chá) de polvilho doce
- 1 colher (chá) de azeite
- ½ colher (café) de cúrcuma em pó (opcional)
- ½ colher (café) de sal (opcional e só para bebês acima de 1 ano)
- 5 colheres (sopa) de água quente ou mais

Peneire as farinhas e a cúrcuma, depois misture. Adicione aos poucos a água quente, mexendo sempre para dar o ponto. Coloque o azeite e incorpore bem, adicionando mais água se necessário.

DICA

- Use para empanar nuggets (p. 123), vegetais (como abobrinhas da p. 117 e brócolis da p. 142), tofu e outras preparações.

FARINHA "PANKO" SAUDÁVEL

Rende: *2 xícaras*

Esta receita pode ser feita com qualquer pão saudável e ficar congelada por até três meses! Você pode usar para empanar vegetais como vagem, brócolis, abobrinha ou fazer nuggets de grão-de-bico!

> 5 fatias de pão saudável de sua preferência, **congelado**
> 2 colheres (sopa) de sementes de gergelim, chia ou linhaça (opcional)
>
> **OPCIONAIS PARA FINALIZAR**
> 1 colher (chá) de orégano
> 1 colher (chá) de alho em pó
> 1 colher (café) de cúrcuma em pó
> 1 colher (café) de sal (só para bebês acima de 1 ano)

Preaqueça o forno a 100°C. Pulse as sementes de gergelim ou chia (se optar por colocá-las) em um processador de alimentos, até virar uma "farinha". Quebre o pão congelado em pedaços pequenos e adicione ao processador até ficar com uma textura levemente granulada, cuidando para não bater demais. Adicione os temperos, se for utilizar.

Distribua em uma assadeira média e leve ao forno preaquecido em temperatura bem baixa por cerca de 20 minutos. Mexa de tempos em tempos e deixe até secar. Se seu forno não tiver temperaturas baixas, vai ser bem mais rápido: fique de olho e mexa de tempos em tempos para não queimar. Como essa farinha ainda vai voltar ao forno nas preparações, esse processo é para secar e não para dourar.

Guarde em um recipiente hermético na geladeira por uma semana ou no congelador por até três meses.

DICAS

- Capriche em seus temperos favoritos.

- Adicione um pouco de parmesão na mistura da farinha. O parmesão pode ser alergênico. Siga as orientações de seu profissional de saúde para a introdução do alimento.

MOLHOS

Molhos podem ser um jeito fácil de trazer novos sabores ou mudar uma receita de um jeito rápido. Seja acompanhando massas, folhas ou preparos como hossomakis, opções não faltam. Veja também os molhos brancos nas pp. 146-7 e molho vermelho de tubérculos na p. 108.

MOLHO PESTO

Sempre tenho pesto na geladeira. É versátil e serve como um temperinho natural que dá graça e transforma preparações simples. Sabe aquele cereal que sobrou do almoço? Uma pitadinha de pesto e alguns vegetais vão transformá-lo na estrela da noite. Os legumes que não fizeram muito sucesso também podem virar o jogo e ser devorados em instantes. Molho pesto vai bem na massa, dá um tchã em um bolinho de arroz que sobrou do almoço e reaviva um risoto meio sem graça. Veja o pesto de brócolis na p. 125.

DICAS
- Tenha sempre pesto pronto para alegrar suas refeições!
- Congele em forminhas para usar aos poucos em suas preparações.

PESTO DE ERVAS

Rende: *1 xícara*

A base do molho pesto é o manjericão, porém você pode preparar adicionando outras ervas. Escolha as mais fresquinhas e cheirosas e faça a sua própria versão desta receita.

- 1 xícara de folhas de manjericão
- 2 xícaras de outras ervas frescas ou folhas (salsinha, cebolinha, hortelã, rúcula)
- ½ xícara de azeite
- 2 colheres (chá) de pasta de alho assado (p. 61)
- Gotinhas de limão
- ½ colher (café) de sal (opcional e só para bebês acima de 1 ano)

OPCIONAIS
- 4 colheres (sopa) de parmesão
- 1 colher (café) de missô (só para bebês acima de 1 ano)

Lave as ervas e seque bem. Bata um punhado com os demais ingredientes, adicionando o restante aos poucos até chegar a uma textura cremosa. Reserve em um pote de vidro com tampa e cubra com um pouco de azeite sempre que usar.

AVISO: Esta receita inclui parmesão, que pode ser alergênico.

MOLHO DE TAHINE

Rende: *1 xícara*

Esse molho vai bem tanto em cima de panquecas e waffles como com saladas e legumes! Fica docinho e é uma ótima maneira de introduzir cálcio e muitos outros nutrientes na alimentação dos pequenos!

- 2 colheres (sopa) de tahine claro e suave
- 3 colheres (sopa) de caramelo de tâmaras (p. 226)
- 2 colheres (sopa) de azeite
- ½ xícara de suco de laranja
- 2 pedras de gelo
- Sal (opcional e só para bebês acima de 1 ano)

Bata todos os ingredientes no liquidificador até formar um molho liso. Sirva na hora ou guarde na geladeira por até três dias.

AVISO: Esta receita inclui oleaginosas, que podem ser alergênicas.

MOLHO DE LARANJA

Rende: *½ xícara*

Esse molhinho é superversátil e ótimo para temperar saladinhas ou molhar vegetais crus. É uma boa opção para usar no lugar do shoyu com os hossomakis que ensino na p. 132.

Pode ser preparado com antecedência e ficar armazenado na geladeira por até três dias.

- ½ xícara de suco de laranja-lima coado
- 3 colheres (sopa) de azeite
- 1 colher (café) de alho em pó ou pasta de alho
- 2 pedras de gelo
- 1 colher (café) de missô (opcional e só para bebês acima de 1 ano)
- Sal (opcional e só para bebês acima de 1 ano)

Coloque todos os ingredientes em um pote de vidro com tampa e mexa por 30 segundos até incorporar bem. Sirva na hora ou guarde na geladeira.

"SUCOS" DE VEGETAIS

Os sucos aqui em casa entram sempre com a função de temperar e trazer nutrientes. Salsinha, manjericão, cenoura, beterraba... é só bater com água, coar e pronto, você tem um caldo nutritivo e saboroso para transformar uma simples preparação em algo espetacular.

Coloque o suco cru para temperar seus grãos já prontos ou dar textura a preparações cremosas como molhos e purês, ou utilize para cozinhar cereais, legumes e risotos.

MEUS SUCOS PREFERIDOS

O caldo de salsinha é riquíssimo em vitaminas C e A. É anti-inflamatório e estimula a limpeza das toxinas do organismo. Por ter um sabor neutro, costuma fazer sucesso como tempero para os bebês. (Essa eu aprendi com a dra. Célia Mara <3.)

O manjericão fortalece a imunidade e é rico em vitamina C e flavonoides com ação antioxidante.

A cebolinha é fonte de ferro, superimportante principalmente para bebês vegetarianos.

A beterraba é ótima para ajudar no bom funcionamento do intestino. Além disso, possui vitaminas do complexo B, importantes para o desenvolvimento saudável na infância; ácido fólico; ferro, que previne a anemia; e cálcio, que ajuda na formação dos ossos e dentes. A cor da beterraba faz o maior sucesso aqui em casa e pode ajudar os pequenos a se interessarem pelos pratos.

A cenoura, rica em vitamina A, tem função importante na manutenção da visão e do sistema imunológico. Também tem vitamina C e D e vitaminas do complexo B, além de fibras que regulam o funcionamento do intestino e minerais como ferro, iodo e potássio. Ajuda no crescimento, na cicatrização e fortalece as defesas do corpo contra infecções.

SUCO DE RAÍZES

Rende: 1 xícara

1 xícara de beterraba ou cenoura
¾ de xícara de água

DICA

• Guarde o bagaço da beterraba e da cenoura para preparar biscoitos e dos vegetais e das ervas para preparar hamburguinhos e o bolinho fantasia (p. 90).

SUCO DE ERVAS E FOLHAS

Rende: 1 xícara
Utensílio: voal ou pano de prato novo

3 xícaras de salsinha, cebolinha, manjericão, espinafre ou outro
1 xícara de água

Pique os vegetais em pedaços pequenos. Bata com a água e coe com o voal. Use imediatamente.

CARDÁPIOS E PLANEJAMENTO

PLANEJAMENTO

O planejamento é o maior aliado na hora de uma alimentação saudável e equilibrada. Com a falta de tempo e organização, muitas vezes falta criatividade na hora H e fica mais fácil cair nas preparações pré-prontas e menos saudáveis. O primeiro passo é trazer o bebê para o contexto familiar e tentar adaptar a comida da casa.

Aqui vão algumas dicas de como planejar sua semana para tudo fluir na hora da refeição.

1. **DEFINA O NÚMERO DE PESSOAS.** Assim o risco de faltar ou sobrar comida diminui bastante.

2. **DEFINA QUANTO TEMPO VOCÊ POSSUI DISPONÍVEL PARA A TAREFA.** Isso vai auxiliar na hora de escolher quais pratos preparar e como se organizar.

3. **ESCOLHA QUAIS RECEITAS QUER PREPARAR.** Abra a geladeira e dê uma espiada na despensa. Comece pensando em receitas com os ingredientes que você já tem em casa. Aproveite os alimentos da estação também: além de mais frescos, o valor deles é mais acessível.

4. **SEJA CRIATIVO!** Aproveite as preparações de uma refeição e utilize em outras. Tem várias receitinhas neste livro que foram preparadas a partir de coisas que já estavam prontas (confira as "transformações" em cada capítulo).

5. **MONTE O CARDÁPIO DA SEMANA.** Faça um quadro e anote o cardápio da semana, assim toda a família fica a par das refeições e pode se animar a ajudar a prepará-las.

6. **MONTE UM CARDÁPIO EQUILIBRADO, NUTRITIVO E COLORIDO.** Com verduras, bons carboidratos, fontes proteicas e gorduras boas. Guarde em uma pasta os cardápios das semanas anteriores, para os dias em que estiver sem muita criatividade.

7. **HORA DAS COMPRAS!** Com todas as refeições planejadas, fica muito mais fácil preparar a lista de compras. Opte sempre que possível por produtores pequenos, locais e orgânicos.

8. **TIRE UM DIA PARA ADIANTAR O PROCESSO.** Uma excelente dica para agilizar a preparação das receitas da semana é deixar algumas coisas adiantadas. Você pode deixar prontas bases como molhos, grãos e cereais. Pode deixar as verduras higienizadas (só se certifique de secar bem e guardar em um recipiente hermético dentro da geladeira).

9. **SE VOCÊ SÓ TIVER UM DIA NA SEMANA PARA SE ORGANIZAR, FAÇA COM QUE ELE SEJA PRODUTIVO!** Deixe as compras organizadas e os potes higienizados. Toda a família pode ajudar: um lava, outro seca, outro corta! Cozinhar em conjunto é mais rápido e pode ser bem mais prazeroso.

10. **TENHA SEMPRE ALGO CONGELADO.** Ao longo da semana, vá congelando pequenas porções das refeições frescas do dia. Assim, você terá um leque de opções para compor as refeições do dia a dia ou para quebrar um galho quando não puder cozinhar.

11. **MANTENHA A DESPENSA ORGANIZADA.** Isso ajuda bastante na hora de escolher os pratos que você vai preparar na semana e listar o que precisa comprar no mercado. Crie o hábito de arrumar as compras assim que chegar do supermercado.

CONGELADOS

No mundo ideal, alimentos frescos são os mais recomendados, mas com a correria do dia a dia o congelamento se torna um importante aliado para garantir refeições saudáveis e equilibradas todos os dias. De qualquer modo, procure mesclar alimentos frescos com o que descongelar para a refeição. É importante conservá-los de maneira adequada para diminuir a perda de nutrientes e as chances de contaminação. Veja como a seguir.

BRANQUEAMENTO

Pode ser um ótimo aliado na hora de refrigerar ou de congelar alimentos pré-cozidos. Basta cozinhá-los levemente e jogá-los ainda quentes em uma tigela com água e gelo, depois espere resfriar e congele em porções.

DICA

- O tempo que você gasta para fazer uma porção de alimento é praticamente a mesmo que levaria para fazer várias porções. Crie o hábito de fazer sempre um pouco a mais, separe em porções pequenas e congele.

COMO CONGELAR?

Após o preparo, você deverá guardar o alimento em um recipiente de vidro ou sem BPA com tampa, ou ainda em sacos próprios para congelamento, e levá-lo imediatamente para o congelador. Manter os alimentos em temperatura ambiente traz risco de proliferação bacteriana.

- Etiquete o pote com o nome da comida, a data de preparo e o prazo de validade. A Anvisa recomenda que os alimentos fiquem armazenados no máximo trinta dias no congelador.
- Congele em porções pequenas, porque o que for descongelado não pode voltar ao congelador.
- Compre potinhos específicos para congelar a comida do bebê. Falo mais sobre eles na p. 245.
- Os alimentos que serão congelados prontos, como feijão, não devem conter muito sal, pois o congelamento tende a acentuar sal e temperos.

COMO DESCONGELAR?

- Organize seu congelador com frequência, deixando na frente os alimentos mais próximos do prazo de validade para não esquecê-los.
- Descongele na geladeira, é mais seguro! Em temperatura ambiente ou em água corrente, os micro-organismos patogênicos se multiplicam rapidamente.
- Alguns alimentos, como grãos, risotos e molhos, podem ser descongelados direto na panela. Almôndegas, pães e hamburguinhos podem ir direto ao forno.
- Consuma os alimentos descongelados em até 24 horas.

combinação de alimentos

A sugestão de cardápio a seguir tem como base a antroposofia. Nela, você vai encontrar pratos que são uma combinação equilibrada de cinco elementos.

A ideia é que as preparações mais simples do almoço se unam e se transformem em outras, ajudando nas refeições seguintes. Vamos repaginar o almoço e preparar um jantar criativo e divertido, com hambúrguer, risoto, bolinho, nhoque…

Lembrando que é preciso considerar a sazonalidade e o local em que se está, portanto esta é apenas uma sugestão para abrir a mente e mostrar diversidade. Substitua de acordo com as possibilidades da sua família.

	cereais	raízes	folhas	frutos	proteínas	página
1	arroz integral	batata-doce	couve	chuchu	lentilha	80
2	trigo-sarraceno	beterraba	rúcula	abóbora	tofu	92
3	painço	cenoura	aspargos	abobrinha	grão-de-bico	112
4	arroz negro	inhame	ora-pro-nóbis	couve-flor	edamame	126
5	quinoa	rabanete	alho-poró	brócolis	feijão-carioca	138
6	milho	mandioquinha	erva-doce	alcachofra	tempê	150
7	cuscuz	mandioca	espinafre	pepino	ervilha	164

1.
ARROZ, LENTILHA, BATATA-DOCE, CHUCHU, COUVE

COMBINAÇÃO 1

variação 1

- Arroz integral (p. 83)
- Batata-doce assada com canela (p. 85)
- Couve com laranja (p. 85)
- Bastões de chuchu (p. 86)
- Lentilha com cenoura (p. 87)

variação 2

- Arroz com lentilha (p. 87)
- Batatinhas "fritas" (p. 88)
- Farofa de couve (p. 88)
- Chuchu refogado (p. 86)

transformações

Bolinho de arroz (p. 84)

Bolinho fantasia (p. 90)

Arroz "frito" (p. 91)

Bolinha de batata da Cacá (p. 89)

BATATA-DOCE

Cozinhe a batata-doce até ficar macia a ponto de furar facilmente com um garfo.

6 a 9 meses:
Descasque-a e corte-a em palitos, amasse levemente.

9 a 12 meses:
Sirva em pedaços pequenos para pegar com os dedos ou palitos maiores. Incorpore em preparações como hambúrgueres, bolinhos ou panquecas.

palitos

pedaços pequenos

CHUCHU

Tem um sabor bem versátil e leve, por aqui faz o maior sucesso. Faça no vapor ou refogado e adicione diferentes temperos e ervas para diversificar o sabor.

6 a 9 meses:
Descasque e o ofereça em pedaços compridos e grossos, parecendo uma meia-lua. Cozinhe no vapor até ficar bem macio e dar para esmagar com a ponta dos dedos. Atenção para não cozinhar demais e se desfazer na hora que o bebê pegar.

9 a 12 meses:
Ofereça em pequenos pedaços para o bebê treinar o movimento da pinça.

meia-lua

pedaços pequenos

ARROZ INTEGRAL

Rende: *8 porções*

1 xícara de arroz integral vermelho (ou outro)
1 ¾ xícara de água filtrada ou caldo de legumes
1 cebola pérola picada em cubos
1 colher (sopa) de azeite
Folhas de louro (opcional)
Sal (opcional e só para bebês acima de 1 ano)

Deixe o arroz de molho por 30 minutos, depois lave em uma peneira. Se não quiser deixar de molho, lave duas vezes na água corrente e esfregue com as mãos para retirar as impurezas. Se não fizer isso, pode demorar um pouco mais e precisar de mais água para cozinhar.

Ferva o caldo ou a água e desligue o fogo. Aqueça uma panela pequena em fogo baixo, coloque o azeite e acrescente a cebola picadinha. Deixe por alguns minutos, até ficar transparente. Adicione o arroz integral e toste até que a extremidade dos grãos fique levemente translúcida e solte cheiro.

Adicione a água ou o caldo, o sal e o louro (se for usar). Misture bem e tampe, deixando cozinhar por 15 a 20 minutos. Quando o líquido não estiver mais aparente, reduza o fogo, abra um pouco da tampa e deixe cozinhar.

Pegue um garfo e veja se o arroz está sequinho. Desligue o fogo e deixe a panela tampada por 5 minutos para finalizar o cozimento.

DICAS

• O tempo de cozimento do arroz pode variar bastante, de acordo com a marca e o tipo. Sempre confira na embalagem.

• Uma forma divertida de despertar o interesse da criançada pelo arroz, além de trazer mais nutrientes para a preparação, é utilizar os "sucos" de vegetais. Apresente-os de uma forma lúdica, contando sobre os superpoderes que eles vão trazer (quem come arroz de espinafre fica forte como o Popeye, por exemplo). As crianças adoram!

ARROZ COLORIDO

Rende: *8 porções*

1 xícara de arroz cateto integral (ou outro)
2 xícaras de "suco" de raízes ou vegetais (confira nas pp. 70 e 72)
1 cebola pequena
1 colher (sopa) de azeite
Raízes raladas (opcional)
Sal (opcional e só para bebês acima de 1 ano)

Depois de refogar o arroz com a cebola picada, adicione o "suco" de raízes ou vegetais e as raízes raladas, se for utilizar. Siga as demais instruções do arroz integral.

BOLINHO DE ARROZ

Esta receita pode ser feita sempre que sobrar arroz branco, negro, integral ou vermelho — todos rendem um bolinho divertido de comer com as mãos. Você pode brincar com raízes, ervas frescas e legumes ou fazer um bolinho mais simples, apenas com arroz.

1 xícara de arroz de sua preferência
Azeite
Sal (opcional e só para bebês acima de 1 ano)

SUGESTÕES
Ervas frescas (finamente picadas)
Cenoura ou beterraba (ralada)
Batata-doce, abóbora, inhame (cozidos e amassados)
Brócolis, couve-flor

Deixe o arroz bem cozido e morno. Amasse um pouco com o garfo, até ficar grudento. Adicione os demais ingredientes (se desejar) e amasse mais com o garfo se necessário. Acerte os temperos, faça bolotas e sirva em temperatura ambiente ou assado.

DICA
- Adicione um pouco do queijo de sua preferência.

BATATA-DOCE ASSADA COM CANELA

Rende: 2 a 4 porções

1 batata-doce média
1 colher (sopa) de azeite
1 colher (café) de alho em pó
1 pitada de canela em pó
Ervas secas a gosto

Preaqueça o forno a 180°C.
Tire a casca e corte a batata de acordo com sua preferência e as habilidades do bebê (pode ser em bastões, cubos grandes ou pequenos). Cozinhe a batata no vapor por 5 a 10 minutos, dependendo do tamanho do pedaço, até que uma faca entre com facilidade. Cuidado para não cozinhar demais. Seque a batata e tempere com azeite, alho em pó, canela e ervas secas a gosto. Asse até ficar levemente dourada e com textura bem macia.

COUVE COM LARANJA

Rende: 4 porções

1 xícara de folhas de couve
1 colher de azeite
1 colher (chá) de pasta de alho assado (p. 61)
Suco de ½ laranja pequena

Tire o caule e pique as folhas em pedaços pequenos. Aqueça o azeite em uma frigideira em fogo médio, depois coloque a pasta de alho e mexa um pouco. Adicione a couve e deixe por aproximadamente 5 minutos, até murchar. Coloque o suco da laranja e deixe por mais 5 minutos, até cozinhar bem e ficar totalmente macia. Deixe esfriar um pouco e pique fininho.

CHUCHU

Rende: *4 porções*

1 chuchu
Azeite ou manteiga ghee
Sal (opcional e só para bebês acima de 1 ano)

OPCIONAIS
1 cebola pérola
Pasta de alho assado (p. 61)
Ervas frescas finamente picadas
Caldo de legumes

Comece lavando bem o chuchu em água corrente. Coloque um pouco de água em uma vasilha grande e corte o chuchu dentro da água, pois quando ele é cortado solta uma seiva que gruda nas mãos. Além de descascar o chuchu, é preciso tirar a parte branca onde fica a semente.

Corte o chuchu em cubos ou em bastões. Se optar pelos bastões, corte ao meio e depois em duas metades longitudinais, retire as sementes e a parte branca que fica perto delas, fatie na vertical.

DICA

- Use uma panela bem grande se for refogar o chuchu em bastões, para não quebrar.

Chuchu cozido

Cozinhe no vapor até chegar à textura desejada e segura para seu bebê. Tempere ainda quente com azeite, sal e ervas frescas.

Chuchu refogado

Refogue a cebola no fogo baixo por 5 a 10 minutos, coloque um pouco de água para não grudar, se necessário, e adicione a pasta de alho assado se desejar. Quando a cebola estiver transparente e bem macia, coloque o chuchu e uma pitada de sal e refogue com cuidado por 3 minutos.

Cubra o chuchu com água ou caldo de legumes. Tampe parcialmente a panela e deixe cozinhar em fogo médio, até a água secar ou o chuchu amolecer. Finalize com um fio de azeite e ervas frescas.

ARROZ COM LENTILHA

Rende: 4 porções

- ¼ de xícara de arroz integral de molho por 30 minutos
- ¼ de xícara de lentilha de molho por 12h a 24h
- 1 a 2 xícaras de caldo de legumes
- ½ cebola pequena
- 2 colheres (sopa) de azeite
- 1 pitada generosa de canela em pó
- 1 pitada de coentro em pó
- 1 pitada de cominho moído
- 1 pitada de cúrcuma em pó
- 1 pitada de pimenta síria
- Sal (opcional e só para bebês acima de 1 ano)
- ¼ de xícara de água (aproximadamente)

Lave a lentilha e coloque em uma panela pequena com o caldo de legumes. Tampe e deixe ferver. Abaixe o fogo e cozinhe por cerca de 5 a 8 minutos, até que as lentilhas estejam macias, mas não moles. Escorra e reserve.

Corte a cebola em pequenos cubos, adicione o azeite e refogue no fogo baixo em uma frigideira pequena. Coloque as especiarias e deixe por 30 segundos, acrescente um pouco de água, tampe e deixe no fogo baixo por 10 minutos, destampando de tempos em tempos para mexer. Se começar a secar, coloque mais água.

Pegue outra panela, coe e descarte a água e adicione o arroz, mexendo por 1 minuto. Coloque ⅓ de xícara de água, aumente o fogo e tampe. Deixe levantar fervura, abaixe o fogo e cozinhe por 30 minutos aproximadamente, mexendo sempre.

Adicione as lentilhas cozidas à panela com o arroz, mexa, coloque um pouco mais de água se necessário e tampe. Deixe cozinhar por mais 10 minutos, até que a maior parte do líquido evapore e o arroz esteja macio.

DICA
- Faça apenas as lentilhas cozidas com legumes, como cenouras raladas ou em pedacinhos.

87

FAROFA DE COUVE

Rende: *4 a 6 porções*

Uma farofa salgadinha (no ponto) e crocante deixa qualquer pê-efe mais gostoso. Brinque com as folhas e os legumes refogados para deixá-la mais nutritiva e colorida!

> 2 colheres (sopa) de couve finamente picada
> 1 colher (chá) de alho em pó
> 1 colher (sopa) de azeite ou manteiga ghee
> Sal (opcional e só para bebês acima de 1 ano)
>
> **PARA A FARINHA**
> ½ xícara de farinha de mandioca torrada
> 2 colheres (sopa) de farinha de amêndoa
> ½ colher (café) de chia

Doure a farinha de amêndoa no fogo baixo até soltar o aroma e reserve. Coloque o azeite e o alho em pó em uma panela pequena, adicione a couve e refogue um pouco. Incorpore as farinhas, a chia, o sal e mexa bem. Acerte os temperos.

AVISO: Esta receita inclui oleaginosas, que podem ser alergênicas.

BATATINHAS "FRITAS"

Rende: *2 a 4 porções*

> 1 batata-doce média ou mandioquinha
> 1 a 2 colheres (sopa) de azeite
> 1 colher (chá) de orégano seco
> 1 pitada de alho ou cebola em pó
> Sal (opcional e só para bebês acima de 1 ano)
> Flocão de milho

Coloque água para ferver e preaqueça o forno a 200°C.

Descasque as batatas, corte ao meio no sentido do comprimento, corte em fatias e depois em tiras do tamanho de um dedo. Cozinhe no vapor por 8 a 10 minutos.

Seque as batatas com cuidado, tempere e envolva em milho flocado. Coloque em uma assadeira sem sobrepor: quanto mais espaço houver entre elas, mais crocante vai ficar. Asse por 10 a 15 minutos, depois vire as fatias e asse até ficar pronto, cerca de 10 minutos depois. Controle a textura de acordo com as habilidades do bebê.

Sirva no almoço ou de lanchinho, com uma pastinha gostosa.

BOLINHA DE BATATA DA CACÁ

A Vivi, uma amiga querida, me contou sobre essa bolinha de batata que faz o maior sucesso com os filhos dela, a Cacá e o Deco. "Sabe aquele purê de batata que já esfriou e ficou bem firme, sem muita graça? É só pegar de pouquinho em pouquinho e fazer bolinhas, eles adoram!"

Esta receita é bem das minhas: com ela, o purê que ninguém estava dando bola se transforma na estrela da noite.

Purê de batata (inglesa, doce ou baroa) ou tubérculos, como inhame (p. 60)

Prepare um purê bem firme, deixe esfriar e faça bolinhas.

BOLINHO FANTASIA

Esta é uma forma de introduzir todos os elementos necessários para uma dieta equilibrada em uma só preparação. É só juntar um pouquinho de tudo o que teve no almoço, amassar e fazer bolinhas!

- 1 punhado de cereal
- 1 punhado de raízes
- 1 punhado de frutos
- 1 punhado de folhas ou caules
- 1 punhado de oleaginosas ou outra fonte proteica
- Farinha nutritiva para dar o ponto, se achar necessário
- Sal (opcional e só para bebês acima de 1 ano)
- Temperos a gosto

Tire toda a água para deixar uma massa mais firme. Se ficar mole demais, você pode dar o ponto de duas formas:

1. Leve a massa ao fogo em uma frigideira grande, mexendo sempre até soltar da panela. Deixe esfriar e modele.

2. Incorpore pouco a pouco uma farinha nutritiva, acerte os temperos e modele. Depois, leve ao forno para assar por 5 a 10 minutos.

AVISO: Esta receita inclui oleaginosas, que podem ser alergênicas.

ARROZ "FRITO"

Vai bem como acompanhamento, mas pode ser a estrela da noite também. Nele você encontra os cinco elementos recomendados pela antroposofia para uma refeição equilibrada: cereal, raiz, folha, fonte proteica e gordura boa (falo mais sobre isso na p. 12).

1 xícara de arroz integral cozido
¼ de xícara de cenoura ralada grossa
1 punhado de couve picadinha (opcional)
¼ de xícara de ervilha fresca cozida
1 colher (sopa) de óleo de gergelim ou azeite
1 cebola pequena picadinha
1 colher (chá) de pasta de alho assado (p. 61)
½ colher (chá) de gengibre em pó ou ralado
1 punhado de ervas frescas

Aqueça o óleo de gergelim em uma frigideira média em fogo médio. Adicione a cebola, a pasta de alho e o gengibre picado, depois refogue. Adicione 2 colheres (sopa) de água, abaixe o fogo e tampe. Refogue por 5 a 10 minutos, até a cebola ficar macia, mexendo de tempos em tempos e colocando mais água se necessário.

Se a couve estiver crua, adicione agora e refogue por 1 minuto, depois junte a ervilha, o arroz e a cenoura, mexa só para aquecer e desligue o fogo. Finalize com as ervas frescas.

AVISO: Esta receita inclui oleaginosas, que podem ser alergênicas.

2.
TRIGO-SARRACENO, RÚCULA, BETERRABA, ABÓBORA, TOFU

COMBINAÇÃO 2

variação 1

Trigo-sarraceno *(p. 97)*

Beterraba assada *(p. 97)*

Rúcula crua picadinha *(p. 94)*

Abóbora assada *(p. 98)*

Tofu marinado no missô *(p. 98)*

variação 2

Trigo-sarraceno com rúcula *(p. 97)*

Beterraba crua ralada *(p. 95)*

Purê de abóbora *(p. 99)*

Dadinhos de tofu em crosta de nuts *(p. 100)*

transformações

Minipizza de trigo-sarraceno *(p. 102)*

Risoto de trigo-sarraceno e beterraba *(p. 104)*

Risoto de aveia com abóbora e rúcula *(p. 106)*

Nhoque de abóbora e aveia *(p. 109)*

Quibe de abóbora *(p. 110)*

ABÓBORA

Cozinhe a abóbora no vapor e deixe bem macia. O purê de abóbora é um ótimo alimento para treinar a prática de colher, porque fica firme.

6 a 9 meses:
Ofereça em meia-lua ou amasse e faça preparações como quibe de abóbora (p. 110), ou transforme em risoto incorporando grãos e vegetais.

pedaços pequenos

9 a 12 meses:
Sirva pedaços pequenos de abóbora bem cozidos.

12 a 24 meses:
Estimule a prática de utensílios e ofereça pedaços pequenos para comer com o garfo.

FOLHAS VERDES (COMO RÚCULA, ALFACE, ESCAROLA)

6 meses:
Para apresentar o alimento, opte pela alface-americana, que é mais firme, e corte em pedaços grandes.

9 a 12 meses:
Ofereça alface crua (com um pouco de azeite para ficar mais fácil de engolir) ou cozida.

12 a 18 meses:
Esta é uma ótima janela para introduzir saladas cruas para o bebê se familiarizar e manter como hábito. Sirva com um garfo ao lado para incentivar o uso do utensílio.

BETERRABA

Cozinhe inteira por 30 minutos a 1 hora, até ficar bem macia, a ponto de ser furada facilmente por uma faca. Ou asse, borrifando bastante água e cobrindo a assadeira com papel-alumínio.

6 a 9 meses:

Descasque e corte ao meio ou em 4 partes. Ofereça amassada ou ralada.

9 a 12 meses:

Ofereça pedaços pequenos sem a casca.

12 a 24 meses:

A beterraba cozida e macia é um ótimo alimento para a prática do garfo. Corte em pedaços pequenos e explore junto com o bebê essa nova habilidade que vai se firmar depois dos 18 meses.

TOFU

6 a 9 meses:

O tofu mais mole tem textura suave e é ótimo para preparar cremes e molhos, e incorporar em preparações. Também dá para fazer "mexidinho", com ervas e especiarias como a cúrcuma.

9 meses:

Os tofus mais firmes podem ser oferecidos em tiras longas e grossas para o bebê chupar e mastigar.

9 a 12 meses:

Ofereça cubos menores de tofu firme e extrafirme ou tiras maiores para praticar a mordida. Nessa idade, o tofu amassado é ótimo para estimular os utensílios: coloque um pouco em uma colher para o bebê tentar pegar.

TOMATE

Muitos pesticidas são usados no cultivo do tomate, por isso opte sempre pelo orgânico. Se não for possível, lave bem e retire a pele.

O tomate pode causar assaduras por ser um alimento mais ácido. Ofereça com moderação e fique atento. Os bebês são menos sensíveis a tomates cozidos.

6 a 9 meses:

Ofereça o tomate inteiro para o bebê se familiarizar com ele, brincando, mordendo, lambendo, sentindo a textura e o cheiro. Corte em quatro e ofereça fatias para o bebê chupar e mastigar.

9 a 18 meses:

Ofereça minitomates, como o cereja, de preferência em um formato mais comprido. A chance de engasgo é maior com os redondos. Corte em quatro para comer com as mãos.

18 a 24 meses:

Corte o tomate-cereja em quatro e ofereça como salada.

mais de 24 meses:

Se a criança já estiver pronta, ofereça o tomate-cereja inteiro. Fique atento e ensine a morder.

TRIGO-SARRACENO

O trigo-sarraceno cozido tem gosto de noz e é levemente crocante, lembrando a quinoa cozida. Pode ser servido como acompanhamento ou usado no preparo de saladas, sopas e mingaus.

½ xícara de trigo-sarraceno
½ a ¾ de xícara (aproximadamente) de água quente ou caldo de legumes
1 colher (sopa) de azeite
Sal (opcional e só para bebês acima de 1 ano)

Coloque o trigo em uma vasilha e deixe de molho de 2 a 4 horas. Descarte a água e lave o trigo.

Aqueça o azeite em uma panela pequena em fogo médio-alto. Adicione o trigo demolhado e toste por 2 minutos, mexendo sempre. Em seguida, adicione ½ xícara de água ou caldo de legumes quente e o sal (se for usar). Deixe ferver, tampe a panela, abaixe o fogo e cozinhe por 8 a 15 minutos, até secar. Se necessário, adicione um pouco mais de água, pouco a pouco (vai depender do tempo que ficou de molho e do tamanho da panela). Quando ele estiver macio, mas ainda crocante e soltinho, desligue o fogo e separe os grãos com um garfo.

Com rúcula

Pique a rúcula finamente e tempere com azeite e uma pitada de sal. Quando o trigo estiver quase seco, adicione a rúcula, mexa, desligue o fogo e separe os grãos com um garfo.

DICA

- O trigo-sarraceno demolhado fica mais nutritivo e fácil de digerir. Se for pular essa etapa do preparo, coloque mais água pouco a pouco até dar o ponto.

BETERRABA ASSADA

Rende: *2 a 4 porções*

1 beterraba grande
1 colher (sopa) de azeite
Sal (opcional e só para bebês acima de 1 ano)

Preaqueça o forno a 190°C. Lave, descasque e corte a beterraba em cubos pequenos ou em meias-luas fininhas. Tempere com azeite e sal (se for utilizar) e coloque em uma assadeira pequena com um pouco de água. Cubra bem com papel-alumínio para o vapor não escapar. Leve ao forno para assar por 40 minutos, até a beterraba ficar macia e ser furada facilmente por uma faca.

TOFU MARINADO NO MISSÔ

*só para bebês acima de 1 ano

Rende: 2 a 4 porções

50 g de tofu
1 colher (chá) de missô branco
1 colher (chá) de alho em pó ou de pasta de alho assado (p. 61) (opcional)
2 colheres (sopa) de óleo de abacate ou azeite

Seque o tofu com uma toalha de papel. Corte-o em pedaços de acordo com as habilidades do bebê. Distribua em um refratário pequeno, lado a lado, sem sobrepor.

Prepare a marinada incorporando os demais ingredientes. Coloque sobre o tofu e deixe por pelo menos 30 minutos. Se preferir e quiser agregar sabor, deixe durante a noite toda.

Aqueça a colher restante de azeite em uma panela antiaderente em fogo médio-alto. Adicione o tofu e mexa delicadamente com uma espátula por cerca de 5 minutos, até dourar. Transfira para um prato e deixe esfriar.

DICA

- Fique atento aos ingredientes do missô: opte pelos de soja orgânica ou de grão-de-bico e evite aditivos como glutamato monossódico.

- Missô é uma pasta de soja fermentada e pode causar alergia. Também contém um pouco de sal, então só pode ser oferecido para bebês acima de 1 ano.

- Adicione ¼ de xícara de suco de beterraba, salsinha ou cenoura (p. 70) à marinada para deixar o tofu colorido, ou suco de laranja espremido para dar mais sabor.

ABÓBORA ASSADA

1 pedaço de abóbora (recomendo a japonesa)
Óleo de abacate ou azeite
Ervas secas a gosto
Sal (opcional e só para bebês acima de 1 ano)

Preaqueça o forno a 180°C.

Descasque e corte a abóbora em meia-lua ou cubos grandes ou pequenos, de acordo com sua preferência e as habilidades do bebê. Cozinhe no vapor por 5 a 10 minutos, dependendo do tamanho do pedaço, até que uma faca entre com facilidade. Cuidado para não cozinhar demais.

Seque a abóbora e tempere com azeite e ervas secas a gosto. Asse até ficar levemente dourada e com textura bem macia.

PURÊ DE ABÓBORA

Rende: *2 a 4 porções*
Utensílio: *voal ou pano de prato novo*

1 xícara de abóbora cozida no vapor ou assada
1 colher (sopa) de azeite ou manteiga ghee
1 pedaço pequeno de gengibre
1 colher (café) de pasta de alho assado (p. 61) (opcional)
Sal (opcional e só para bebês acima de 1 ano)

Deixe a abóbora bem macia. Se estiver fria, cozinhe mais no vapor para facilitar na hora de amassar. Rale o gengibre e passe em um voal — vamos usar apenas o sumo.

Esprema e amasse a abóbora até ficar bem macia, depois vá colocando água fervida ou leite vegetal aos poucos para chegar à textura de purê.

Outra opção é colocar metade da abóbora no liquidificador junto com os ingredientes líquidos e bater até virar um creme sem pedaços, depois ir adicionando o restante da abóbora.

Acrescente o gengibre e a pasta de alho assado. Acerte os temperos.

DICA

• Aproveite a base desse purê para preparar homus de abóbora, batendo com ½ xícara de grão-de-bico e incorporando os demais temperos do homus (p. 118).

DADINHOS DE TOFU EM CROSTA DE NUTS

Rende: *2 a 4 porções*

A crosta de nozes é uma forma interessante de introduzir gordura boa na alimentação dos pequenos e vai deixar os dadinhos de tofu muito mais interessantes e nutritivos!

CROSTA DE NUTS
1 punhado de nuts (nozes, amêndoas, castanhas, sementes)
1 pitada de sal
1 pitada de orégano
1 pitada de especiarias (opcional)

Dê uma leve torradinha nos nuts e bata no processador com os demais ingredientes até formar uma farofinha com pedaços.

1 porção de tofu marinado (p. 98)
1 punhado de crosta de nuts
Ervas secas e especiarias (opcional)
Sal (opcional e só para bebês acima de 1 ano)

Preaqueça o forno a 180°C.
Bata um punhado de nozes torradas no processador de alimentos, com uma pitada de sal (para bebês com mais de 1 ano), ervas e especiarias a gosto, deixando pequenos pedaços. Coloque em um bowl pequeno, adicione o tofu já temperado e mexa para incorporar bem e a crosta grudar. Distribua em uma assadeira e leve para assar até dourar, virando na metade do tempo.

DICA
- Substitua a crosta de nozes pela farinha "panko" (p. 64).

AVISO: Esta receita inclui oleaginosas, que podem ser alergênicas.

MINIPIZZA DE TRIGO-SARRACENO

PARA A MASSA
3 colheres (sopa) de farinha de trigo-sarraceno
3 colheres (sopa) de farinha de arroz branco
1 colher (sopa) de polvilho doce
2 colheres (sopa) de azeite
½ a ⅔ de xícara de leite vegetal
1 colher (sopa) de levedura nutricional (opcional)
Sal (opcional e só para bebês acima de 1 ano)

SUGESTÃO DE COBERTURA
Molho vermelho de tubérculos (p. 108)
Fatias de abobrinha grelhada ou floretes de brócolis
Mussarela
Orégano ou molho pesto (p. 67)

Peneire as farinhas e misture todos os ingredientes secos. Adicione ⅓ de xícara do leite vegetal quente, a pasta de alho e o azeite. A quantidade de líquido vai depender da textura das farinhas e do polvilho: se ficar muito firme, acrescente mais leite ou água, pouco a pouco, até formar uma massinha bem leve. Deixe descansar por pelo menos 10 minutos.

Aqueça uma frigideira pequena e antiaderente com azeite no fogo bem baixo. Despeje um pouco da massa, que não pode estar mole: deve correr devagar pela frigideira para formar círculos finos e uniforme. Vai ficar pronto bem rápido: quando começar a soltar, vire e deixe mais alguns segundos, até desgrudar, transfira para um prato e deixe esfriar.

Você pode finalizar a pizza com um pouco de molho vermelho, orégano ou molho pesto, brócolis ou abobrinha e mussarela.

Asse no forno preaquecido a 180°C até dourar a massa e derreter o queijo.

DICA

- Você também pode fritar a pizza na própria frigideira: é só incluir a cobertura quando virar, tampar e deixar até o queijo derreter.

RISOTO DE TRIGO-SARRACENO E BETERRABA

Rende: 2 a 4 porções

Risotos são práticos, evitam desperdícios e garantem uma variedade de nutrientes em apenas uma preparação. Como agradam a todos, podem ser o jantar da família toda! Você pode variar os grãos, utilizando quinoa, trigo-sarraceno e até aveia em flocos no lugar do arroz.

Ao longo do livro, apresento algumas receitas que nasceram de sugestões de almoço dos cardápios. Inspire-se nelas e crie suas próprias versões!

¾ de xícara de trigo-sarraceno cozido al dente
¼ de xícara de legumes picadinhos e refogados (quiabo, abobrinha, vagem etc.)

Creme proteico de beterraba

⅓ de xícara de tofu ou quinoa branca cozida
1 porção de "suco" de beterraba
1 colher (sopa) de azeite
1 colher (chá) de pasta de alho assado (p. 61)
1 colher (chá) de sumo de limão
1 colher (chá) de missô claro orgânico (opcional e só para bebês acima de 1 ano)
Sal (opcional e só para bebês acima de 1 ano)

OPCIONAIS MUITO BEM-VINDOS
1 cebola pérola
Ervas frescas
Molho pesto
Parmesão

FINALIZAÇÃO
1 punhado de rúcula

Prepare o creme batendo todos os ingredientes, depois acerte os temperos.

Se for usar cebola, aqueça uma panela pequena e a adicione com 1 colher (sopa) de gordura boa, coloque gotinhas de água, deixe caramelizar por uns 5 a 8 minutinhos e tampe para manter o calor e o cozimento.

Adicione o trigo-sarraceno, os legumes e o creme e mexa até incorporar bem. Se quiser o grão mais macio, adicione um pouco de água no final. Incorpore a rúcula, mexa mais um pouco e adicione os opcionais.

Sirva em porções individuais e finalize com legumes picadinhos e parmesão (opcional).

DICA

• Você sempre vai precisar de uma base cremosa para o risoto! Vale tudo: tofu (p. 171), quinoa (p. 147), couve-flor (p. 146)… Pode ser divertido acrescentar cores vivas através dos "sucos" de vegetais. Você também pode adicionar um belo molho pesto ou um purê gostoso de raízes que sobrar do almoço.

• O risoto é uma forma interessante de introduzir as folhas nas preparações dos pequenos: rúcula, manjericão e até alface caem bem com eles!

• Legumes picados, ralados ou assados, castanhas e parmesão dão mais graça ao risoto!

• PROVE durante o processo. Veja o que mais pode colocar para levantar o sabor!

AVISO: Esta receita inclui parmesão e oleaginosas, que podem ser alergênicos.

RISOTO DE AVEIA COM ABÓBORA E RÚCULA

Rende: *2 a 4 porções*

½ xícara de aveia sem glúten em flocos secos
1 colher (sopa) de manteiga ghee ou azeite
1 cebola pequena finamente picada
1 colher (chá) de tomilho fresco
1 colher (chá) de vinagre de maçã

PARA O CREME
⅔ de xícara de abóbora assada ou cozida no vapor
⅔ de xícara ou mais de caldo de legumes
1 pedaço de gengibre ralado
1 colher (chá) de pasta de alho assado (p. 61) ou de alho em pó

FINALIZAÇÃO
1 punhado de rúcula picada
2 colheres (sopa) de parmesão (opcional)

OPCIONAIS
Castanhas picadas e torradas
1 colher (sopa) de salsinha e cebolinha finamente picada
Sal (opcional e só para bebês acima de 1 ano)

Cebola pérola

Essa cebola é uma mão na roda na hora de preparar porções pequenas.

Não tenho o costume de guardar cebola depois de aberta, então é uma boa solução para refeições que não utilizam uma cebola inteira. Outra opção seria congelá-la.

Aqueça o azeite ou a manteiga ghee em uma panela pequena, adicione a cebola, o tomilho fresco e o vinagre, e coloque umas gotinhas de água, depois tampe e refogue em fogo baixo por 5 a 10 minutos, até "caramelizar".

Prepare o creme batendo todos os ingredientes no liquidificador até ficar bem liso e acrescente ao refogado.

Coloque a aveia em outra panela no fogo e mexa por cerca de um minuto, até que os flocos fiquem levemente tostados. Incorpore no creme. Cozinhe por cerca de 5 minutos, mexendo sempre e mantendo a atenção, porque cozinha muito rápido. Por fim, adicione a rúcula e o parmesão e mexa uns 30 segundos.

Sirva quente e finalize com ervas frescas e castanhas (opcional).

AVISO: Esta receita inclui parmesão e oleaginosas, que podem ser alergênicos.

MOLHO VERMELHO DE TUBÉRCULOS

Rende: 2 ½ xícaras

Esse molho à base de raízes faz as vezes do molho de tomate tradicional!

> 3 cenouras (aproximadamente 2 xícaras de cenoura ralada)
> ½ beterraba média (aproximadamente ½ xícara de beterraba ralada)
> ½ xícara de alho-poró finamente picado
> 1 cebola pérola ou ½ cebola pequena
> 2 xícaras de água
> 1 colher (chá) de vinagre de maçã
> 2 colheres (sopa) de azeite
> 2 colheres (chá) de orégano seco
> 1 ramo de manjericão fresco
> 1 pitada de noz-moscada ralada na hora (opcional)
> Pimenta-do-reino moída na hora
> Sal (opcional e só para bebês acima de 1 ano)

Rale a cenoura e a beterraba. Pique a cebola em pequenos cubos, ou rale também, se preferir. Pique o alho-poró.

Coloque o azeite em uma panela de média a grande. Refogue a cebola por 5 a 10 minutos em fogo médio, colocando água para ajudar a deixar macia. Adicione o vinagre, o orégano, a noz-moscada e a pimenta-do-reino e mexa por 30 segundos. Acrescente a cenoura, a beterraba e o alho-poró, e refogue por aproximadamente 10 minutos, até amolecer.

Coloque o refogado no liquidificador e bata com o caldo de legumes, até virar um creme liso, sem nenhum pedaço. Volte tudo para a panela, adicione o ramo de manjericão, tampe e deixe cozinhar no fogo médio-baixo por aproximadamente 40 minutos, mexendo de vez em quando.

Destampe e mexa até o molho reduzir e incorporar bem.

DICA

- Corte e rale os vegetais (beterraba, cenoura, alho-poró) na noite anterior, tempere com azeite, orégano, sal (opcional e só para bebês acima de 1 ano), adicione o ramo de manjericão e deixe marinando na geladeira até o dia seguinte. Vai agregar sabor e facilitar o preparo.

NHOQUE DE ABÓBORA E AVEIA

Rende: *1 porção*

Até chegar à receita perfeita, muitos erros podem acontecer. O divertido é que novas receitas costumam nascer deles, e foi isso que aconteceu aqui. Fiz um risoto de aveia com muito purê para pouca aveia, mas ao ver aquela maçaroca tão saborosa precisei inventar! Ficou tão bom que eu não pude deixar de compartilhar!

> O que sobrar do risoto de aveia com abóbora e rúcula (p. 106)
> Mix de farinhas (p. 195) ou farinha de arroz para dar o ponto

Aqueça o risoto se estiver frio e bata em um liquidificador até ficar o mais liso possível. Transfira para uma frigideira antiaderente grande e mexa por uns 10 a 15 minutos, até a massa firmar bem. Coloque em um pote hermético tampado e deixe na geladeira por pelo menos 2 horas.

Dê o ponto com um pouco de farinha se necessário. Faça cobrinhas com a palma das mãos e corte em pedaços pequenos, de acordo com as habilidades de seu filho.

Não é preciso cozinhar esse nhoque: coloque no congelador por 15 minutos para firmar ou, se não for comer na hora, pode deixar na geladeira.

Quando for preparar, pegue uma frigideira grande, leve ao fogo alto, adicione gordura e salteie brevemente. Sirva com molho de quinoa (p. 147) ou pesto (pp. 66 e 125).

"PARMESÃO" VEGANO

Rende: ½ xícara

Esta receita é uma ótima alternativa para quem tem restrição a laticínios ou segue uma dieta vegana. Pode ser utilizada no lugar do parmesão em preparações ou para finalizar uma bela macarronada!

> ½ xícara de amêndoas cruas sem pele ou castanha-de-caju crua
> ½ colher (café) de alho em pó
> 1 colher (sopa) de levedura nutricional
> ½ colher (café) de sal (opcional e só para bebês acima de 1 ano)

Coloque todos os ingredientes no processador e pulse até obter uma mistura granulada, como uma farinha. Cuidado para não bater demais. Passe em uma peneira se ficarem pedaços maiores.

Pode ser conversado por duas semanas em recipiente hermético na geladeira.

DICA

- Faça com farinha de amêndoa. Pulse a levedura nutricional sozinha até virar um pó, depois coloque os demais ingredientes e bata por 1 a 2 segundos para misturar.

AVISO: Esta receita inclui oleaginosas, que podem ser alergênicas.

QUIBE DE ABÓBORA

A abóbora foi o primeiro alimento que o Chico provou, porque seu sabor adocicado e sua textura aveludada costumam fazer sucesso com os pequenos, e esta receita foi uma das primeiras que fiz para ele. Também foi o primeiro contato do Chico com glúten — acho uma boa forma de apresentar esse alergênico para o bebê (evite as farinhas e opte sempre por grãos integrais).

Substitua o trigo-sarraceno por trigo para quibe integral (já moído) e hidrate rapidamente primeiro.

> ¼ de xícara de trigo-sarraceno cozido al dente
> ¼ a ½ xícara de abóbora assada e amassada
> 1 punhado generoso de ervas frescas finamente picadas (salsinha, hortelã, cebolinha etc.)
> 2 colheres (chá) de azeite
> Gotas de limão
> 1 colher (chá) de tahine
> 1 pitada de pimenta síria
> Sal (opcional e só para bebês acima de 1 ano)

Amasse a abóbora assada, de preferência ainda quente. Caso esteja muito mole, coloque em uma panela e leve ao fogo para firmar, cozinhando em fogo baixo por alguns minutos. Seque bem o trigo, incorpore os demais ingredientes e acerte os temperos.

Com ajuda de duas colheres ou só com as mãos, modele os quibes. Distribua-os sobre um tapete culinário em uma assadeira. Asse por 10 a 15 minutos, a depender da textura da abóbora.

AVISO: Esta receita inclui oleaginosas, que podem ser alergênicas.

3.
PAINÇO, CENOURA, ASPARGOS, ABOBRINHA, GRÃO-DE-BICO

COMBINAÇÃO 3

variação 1

Painço no caldo de cenoura (p. 115)

Cenourinha cozida (p. 114)

Aspargos na manteiga com ervas (p. 115)

Meias-luas de abobrinha assadas (p. 117)

Homus (p. 118)

variação 2

Painço com aspargos na manteiga (p. 115)

Cenoura com manteiga de ervas (p. 114)

Palitos de abobrinha com crosta (p. 117)

Falafel (p. 122)

transformações

Nuggets de grão-de-bico (p. 123)

Espaguete de legumes ao pesto (p. 124)

Salada de painço com legumes assados (p. 116)

ABOBRINHA

Uma forma de apresentar a abobrinha em todas as fases é ralada ou incorporada no arroz, hambúrguer, risoto ou bolinho.

6 a 9 meses:

Sirva a abobrinha cozida e cortada em tiras da grossura de um dedo. Caso fique escorregadia, você pode "empaná-la" (p. 63).

9 a 12 meses:

Cozida, cortada em pedaços pequenos, meia-lua ou em fios finos tipo macarrão, só que mais curtos.

12 a 24 meses:

Crua, em pedaços grandes ou pequenos.

CENOURA

Descasque e cozinhe inteira no vapor por cerca de 30 minutos, dependendo do tamanho. Deve ficar bem macia.

Também é possível oferecer a cenoura descascada e crua para o bebê roer inteira, não para se alimentar, mas para fortalecer a mandíbula e movimentar a língua e a comida para o lado da boca, estimulando uma experiência sensorial.

6 meses:

Cozida e cortada ao meio no sentido do comprimento e amassada. Ralada, crua ou cozida.

9 a 12 meses:

Cozida, em cubos pequenos ou palitos da grossura de um dedo. Crua, ralada ou cortada em palitos de fósforo ou palitos mais grossos, que representam um risco menor de asfixia.

12 a 18 meses:

Dependendo da habilidade da criança, você pode oferecer cenoura crua cortada em palitos mais finos.

PAINÇO NO CALDO DE CENOURA

¼ de xícara de painço
½ xícara de "suco" de cenoura
1 punhado de cenoura ralada bem fininha (opcional)
2 colheres (chá) de azeite
Sal (opcional e só para bebês acima de 1 ano)

Lave os grãos de painço em uma peneira. Aqueça o azeite em uma panela pequena em fogo médio-alto. Toste o painço por 1 minuto, mexendo sempre.

Adicione o caldo de cenoura. Se for usar cenoura ralada, acrescente agora. Tampe a panela e deixe cozinhar em fogo baixo por aproximadamente 10 minutos.

Quando tiver secado toda a água, desligue o fogo e deixe o painço cozido descansar por 10 minutos com a panela tampada. Por fim, tire a tampa e mexa com um garfo para soltar o painço e liberar o vapor retido. Sirva morno.

DICA
- Você pode substituir a cenoura ralada fininha por outros vegetais refogados, como aspargos.

ASPARGOS NA MANTEIGA COM ERVAS

Rende: 2 a 4 porções

100 g de aspargos frescos ou outros vegetais, como cenoura
1 colher (sopa) de manteiga ghee ou azeite
Sal (opcional e só para bebês acima de 1 ano)
Ervas frescas picadinhas

Corte a parte mais clara e fibrosa do talo e reserve para fazer caldos ou sopas. Deixe os aspargos inteiros ou corte em pedaços menores, de acordo com a habilidade do bebê. Cozinhe no vapor até ficarem macios, o que leva de 7 a 15 minutos, dependendo do tamanho.

Aqueça o azeite ou a manteiga ghee em uma frigideira pequena, coloque as ervas e o sal (se for usar) e desligue o fogo.

Incorpore os aspargos assim que saírem do vapor. Refogue por 30 segundos e sirva.

SALADA DE PAINÇO E LEGUMES

Esta receita bem colorida e cheia de graça pode ser servida fria, como salada, ou quentinha nos dias frios. Dá para substituir o painço pelo cuscuz de mexerica (p. 171), quinoa ou cevadinha!

½ xícara de painço cozido
½ xícara de legumes em cubos pequenos assados ou refogados
1 colher (sopa) de azeite
Gotinhas de limão
Ervas frescas a gosto
Sal (opcional e só para bebês acima de 1 ano)

Incorpore todos os ingredientes e acerte os temperos.

DICA

- Brinque com os legumes que tiver em casa (cenoura, abobrinha, abóbora assada, quiabo, vagem, aspargos, brócolis, alho-poró), corte em pedaços pequenos e asse, refogue ou cozinhe no vapor.

- Adicione sementes e castanhas para ficar mais crocante.

AVISO: Esta receita inclui oleaginosas, que podem ser alergênicas.

PALITOS DE ABOBRINHA COM CROSTA

Rende: *2 a 4 porções*
Utensílio: *1 assadeira perfurada*

1 abobrinha brasileira
1 colher (sopa) de azeite
2 colheres de parmesão (opcional)
Sal (opcional e só para bebês acima de 1 ano)

PARA EMPANAR
1 "ovo" para empanar (p. 63)
½ a 1 xícara de farinha "panko" saudável (p. 64)

OPCIONAIS PARA AGREGAR SABOR
Levedura nutricional, tempero verde, ervas secas ou especiarias a gosto

Preaqueça o forno a 180°C.

Lave e seque a abobrinha, corte de comprido em palitos, de acordo com as habilidades do seu bebê. Tempere com azeite, alho em pó, limão e outros temperos que desejar. Incorpore o parmesão na farinha "panko" e coloque em uma tigela.

Passe a abobrinha no "ovo", coloque na tigela e mexa para a farinha grudar bem na abobrinha. Se necessário, ajude com as mãos. Vá repetindo o processo e colocando mais farinha aos poucos.

Ponha tudo na assadeira perfurada, deixando espaço entre os palitos para o ar circular e cozinhar uniformemente. Asse de 10 a 20 minutos. Se estiver usando uma assadeira comum, vire na metade do tempo.

Sirva imediatamente.

AVISO: Esta receita inclui parmesão, que pode ser alergênico.

MEIAS-LUAS DE ABOBRINHA ASSADAS

Rende: *2 a 4 porções*

1 abobrinha
1 colher (sopa) de azeite
1 pitada generosa de orégano
Tempero verde a gosto (p. 62)
Sal (opcional e só para bebês acima de 1 ano)

Preaqueça o forno a 180°C.

Lave e seque a abobrinha, depois corte em rodelas de 1 cm de grossura e depois ao meio para formar meias-luas, tudo de acordo com as habilidades do bebê. Tempere a abobrinha com azeite, sal, orégano e tempero verde.

Coloque em uma assadeira pequena, com as abobrinhas próximas. Asse por cerca de 15 minutos e veja se já estão com a textura segura, quando a faca entra facilmente na parte mais dura.

DICA
- A abobrinha-menina é a melhor opção para assar, porque é mais firme e tem menos semente.

HOMUS

Rende: 1 xícara

Esta é uma maneira diferente de adicionar fontes proteicas no dia a dia dos baixinhos. O grão-de-bico in natura pode não ser tão fácil de digerir, além de ser perigoso no início da introdução alimentar, quando os pequenos ainda estão desenvolvendo suas habilidades.

Esse homus é perfeito para compor uma lancheira saudável e fornecer proteína em refeições como café da manhã ou lanchinho, mas também oferece cremosidade às principais refeições. Pode ser para comer com palitinhos de vegetais, torradinhas de arroz ou os diversos pães que ensino neste livro, e em preparações como waffles e panquecas.

½ xícara de grão-de-bico cru demolhado por 24 horas
4 folhas de louro
1 colher (sopa) de tahine claro e suave
2 colheres (sopa) de azeite
½ a 1 colher (sopa) de sumo de limão
1 colher (café) de pasta de alho assado (p. 61)
Sal (opcional e só para bebês acima de 1 ano)
Água para dar o ponto

Coloque o grão-de-bico e as folhas de louro em uma panela de pressão e cubra com água, deixando passar três dedos. Cozinhe por aproximadamente 40 minutos depois que pegar pressão.

Reserve metade do grão-de-bico e bata a outra metade ainda quente com os demais ingredientes no liquidificador com ¼ de xícara de água, até virar um creme. Coloque mais água, pouco a pouco, se necessário. Adicione o restante do grão-de-bico e bata mais. Acerte os temperos e o ponto com mais água, se precisar.

Sirva como prato principal, acompanhado de vegetais em bastões, cereais e tubérculos, ou de lanchinho, acompanhado de crudités ou bolachinhas de arroz.

DICA

• Você pode variar nos sabores e cores. Aqui vão algumas sugestões e proporções:

½ xícara de grão-de-bico +
1 xícara de raízes ou frutos assados ou cozidos (cenoura, abóbora, batata-doce, inhame)
½ xícara de grão-de-bico +
½ xícara de outras leguminosas
¾ de xícara de grão-de-bico +
¼ de xícara de raízes cruas raladas (beterraba, cenoura)
Acerte os temperos de acordo com os ingredientes base que escolher.

AVISO: Esta receita inclui oleaginosas, que podem ser alergênicas.

ACORDANDO OS GRÃOS

Deixar os grãos de molho é uma prática milenar, herdada de mulheres sábias que vieram antes de nós. Quando fazemos isso, "acordamos" o alimento, tornando-o muito mais nutritivo. Neutralizamos parte dos ácidos fíticos, facilitando a digestão. Além disso, o cozimento passa a ser mais rápido, então, na verdade, deixando os grãos de molho você ganha mais tempo. Isso passa a ser natural (e essencial!) na rotina!

Como fazer?

Deixe os grãos de molho em água filtrada com algumas gotinhas de limão ou vinagre por pelo menos 8 horas — alguns grãos precisam de mais tempo; em geral, quanto maior ele for, mais tempo deve ficar de molho. Uso em média duas medidas de água para cada medida de grão e 1 colher (sopa) de vinagre ou sumo de limão para cada medida de água.

Qualquer tempo de molho é melhor do que nada, mas este é o intervalo mínimo que costumo deixar os grãos de molho:

> Lentilha: de 8 a 24 horas
> Feijão: de 24 a 36 horas
> Grão-de-bico: de 24 a 48 horas

Sempre troco a água de 8 horas em 8 horas, mas, se estiver calor, troco mais vezes ao dia e mantenho na geladeira.

Lembre-se de que o grão cresce bastante quando fica de molho, então nas minhas receitas indico sempre a medida dos grãos já demolhados por pelo menos 8 horas. Para acertar nas quantidades que vai deixar de molho, separe sempre ⅓ a menos da quantidade total dos grãos secos pedidos nas receitas.

Passo a passo

Deixe os grãos de molho por pelo menos 12 horas. Para facilitar, você pode colocá-los um pouco antes de dormir.

Na hora de cozinhar os grãos, sempre descarte a água do molho. Você vai perceber que alguns grãos já estão quase no ponto — dá para mordê-los, embora ainda estejam um pouco duros. Esses grãos não precisam ir para a pressão: podem ser cozidos na panela normal.

Leve a panela ao fogo até levantar fervura e uma espuma densa se formar na superfície. Descarte a espuma: ela atrapalha a digestão e causa gases.

MASSA DE GRÃO-DE-BICO

Rende: *2 porções*

Essa massinha vai servir de base para diversas receitas, como falafel (p. 122), waffles (p. 189) e nuggets (p. 123), e pode ser usada em tortas, homus e outras pastinhas. Você pode congelar por até 3 meses e manter na geladeira por 5 dias.

- 1 ½ xícara de grão-de-bico cru de molho por 24 a 48 horas, trocando água de tempos em tempos (2 ½ xícaras depois de demolhado)
- 5 folhas de louro
- 2 colheres (sopa) de azeite ou manteiga ghee
- 1 colher (chá) de pasta de alho assado (p. 61)
- ½ colher (sopa) de sumo de limão
- 1 colher (sopa) de polvilho doce
- Sal (opcional e só para bebês acima de 1 ano)

Lave bem o grão-de-bico, coloque na panela de pressão com o louro e cubra com água, passando 3 dedos dos grãos. Tampe e cozinhe por 30 minutos depois que pegar pressão (se não tiver deixado de molho, pode demorar um pouco mais). O grão-de-bico não pode cozinhar demais: deve reter alguma firmeza, senão a massa fica muito mole.

Descarte toda a água e coloque metade dos grãos ainda quentes no processador de alimentos com os demais ingredientes, então bata até virar uma massa sem nenhum pedaço. Adicione o restante dos grãos e bata novamente até chegar a uma textura bem lisa e macia.

A massa deve ficar na textura perfeita para modelar. Se você achar que passou do ponto e está mole demais, transfira para uma panela antiaderente e cozinhe até soltar do fundo.

Leve à geladeira em um pote hermético por pelo menos 4 horas para firmar.

Escorra a primeira água de cozimento dos grãos. Se desejar, lave os grãos e prove para verificar a textura. Tempere com uma pitada de sal (para bebês acima de 1 ano) e um fio de azeite.

Cubra com água até ultrapassar três dedos do nível dos grãos e adicione folhas de louro rasgadas ou pedaços de alga kombu (falo mais dela na p. 132) para um toque especial.

Ligue o fogo e espere a água ferver. Deixe cozinhar de 5 a 20 minutos, a depender da textura e do tempo de molho. Caso opte por interromper o cozimento um pouco antes do ponto, escorra, descarte a água e deixe em água gelada. O ponto ideal vai depender muito da receita.

FALAFEL

Rende: *20 unidades*

Leve e saboroso, o falafel é uma forma legal de apresentar as ervas frescas e especiarias aos pequenos. Adicione o tahine como fonte de cálcio, nutriente importantíssimo a que devemos ficar atentos (a dra. Ana fala mais sobre ele na p. 28)!

- 1 xícara de massa de grão-de-bico (p. 121)
- ¼ a ½ xícara de ervas frescas (hortelã, salsinha, cebolinha)
- 1 colher (sopa) de azeite
- ½ a 1 colher (sopa) de sumo de limão
- 1 a 3 colheres (chá) de tahine claro suave
- 1 colher (café) de pimenta síria ou canela em pó
- Sal (opcional e só para bebês acima de 1 ano)

Bata todos os ingredientes no processador de alimentos. Acerte os temperos. Faça bolinhas do tamanho desejado — maiores para os bebês menores e menores para os que já fazem bem a pinça. Asse até firmar e sirva com um molhinho cremoso nas refeições principais ou como lanche.

DICA

- Se quiser agregar sabor, aqueça o azeite em um panela pequena, coloque as especiarias e deixe por 30 segundos antes de misturar aos demais ingredientes.

AVISO: Esta receita inclui oleaginosas, que podem ser alergênicas.

NUGGETS DE GRÃO-DE-BICO

Rende: *12 unidades*
Utensílio: *1 assadeira perfurada*

Faço esta receita pelo menos uma vez por semana aqui em casa. Um nugget de grão-de-bico pode não parecer tão atrativo, então a dica é não contar do que ele é feito antes que o resto da família prove.

Tenho sempre a massa de grão-de-bico congelada e dividida em porções, assim quando bater a vontade fica mais fácil fazer.

- 1 xícara de massa de grão-de-bico (p. 121)
- 1 colher (chá) de orégano seco
- 1 colher (café) de cebola em pó
- 1 colher (sopa) de levedura nutricional
- 2 colheres (sopa) de cenoura ralada finamente (opcional)
- 1 colher (sopa) de azeite
- Sal (opcional e só para bebês acima de 1 ano)

PARA EMPANAR
- 1 "ovo" para empanar (p. 63)
- ¾ de xícara de farinha "panko" (p. 64) ou de rosca

Preaqueça o forno a 180°C.
Misture todos os ingredientes da massa até ela ficar fácil de modelar. Faça uma bolinha e achate.
Prepare o "ovo" e separe a farinha "panko" em uma tigela pequena. Passe o nugget no "ovo" com um garfo, retire e deixe o excesso escorrer. Coloque na tigela com a farinha e balance para que empane por igual.
Leve os nuggets à assadeira perfurada, espaçados, e asse por 15 a 20 minutos, dependendo do tamanho e do forno. Deixe até ficar crocante.

DICA
- Coloque um pouco de parmesão na massa para agregar sabor e textura. O parmesão é alergênico. Siga as orientações do seu profissional da saúde para a introdução do alimento.

ESPAGUETE DE LEGUMES AO PESTO

Rende: 2 porções
Utensílio: spiralizer ou mandolina (cortadores de legumes em tiras)

1 cenoura
1 abobrinha
Azeite
Sal (opcional e só para bebês acima de 1 ano)

SUGESTÃO DE MOLHO
Pesto cremoso de brócolis (p. 125)

OPCIONAIS
Raspas de limão
Tomate-cereja
Folhas de manjericão
Parmesão

Com o spiralizer
Corte as pontas da abobrinha e da cenoura, centralize no spiralizer e deixe bem firme. Vá girando a manivela e fazendo os fios. Se ficarem muito longos, corte em pedaços menores.

Com outros fatiadores
Se for usar um fatiador que tiver essa função, predefina a espessura a ser cortada (se seu utensílio tiver esta função) no máximo em 1,25. No caso da mandolina, ajuste a lâmina para um corte fino e passe-a longitudinalmente para criar os fios de espaguete. No caso da abobrinha, quando chegar ao miolo com sementes, vire e recomece pelo outro lado. Reserve o miolo para caldos e sopas.

Aqueça uma frigideira grande, coloque o azeite e salteie a cenoura por uns 4 minutos, até ficar macia. Adicione os fios de abobrinha e deixe mais 1 minuto, é bem rápido.

Se o molho pesto estiver gelado, acrescente um pouco de água quente para aquecer. Coloque o molho aos poucos e vá incorporando até chegar à quantidade desejada (pode caprichar).

Sirva em pratos individuais e se quiser finalize com raspas de limão, tomate-cereja, folhas frescas de manjericão e parmesão.

SUBSTITUIÇÕES
• Troque o molho pesto pelo molho branco de quinoa ou faça o macarrão de legumes só salteado no azeite.

AVISO: Esta receita inclui parmesão, que pode ser alergênico.

PESTO CREMOSO DE BRÓCOLIS

Rende: *1 xícara*

Os motivos para utilizar todo o alimento são muitos, incluindo redução do desperdício e do lixo, diminuição do impacto no ambiente e maior aporte de nutrientes e fibras. Essa é uma maneira de aproveitar os talos de brócolis, que caem como uma luva na preparação de um pesto cremoso, mas também podem ser utilizados no lugar dos aspargos na receita de painço ou dos talos de espinafre no cuscuz.

- 1 xícara de talos de brócolis em cubos pequenos de 1 a 2 cm
- 2 xícaras de folhas de manjericão
- ½ xícara de azeite
- 1 colher (chá) de pasta de alho assado (p. 61)
- 4 colheres (sopa) de parmesão
- ½ colher (café) de sal (opcional e só para bebês acima de 1 ano)

Cozinhe os talos de brócolis no vapor por aproximadamente 25 minutos, até ficarem bem macios. Bata os talos ainda quentes no processador de alimentos com o azeite, até virar um creme sem pedaços. Adicione os demais ingredientes e bata até virar um creme.

Transfira para um pote de vidro com tampa e cubra com um pouco de azeite toda vez que usar. Use em massas, risotos ou na pizza.

AVISO: Esta receita inclui parmesão, que pode ser alergênico.

125

4.
ARROZ NEGRO, INHAME, ORA-PRO-NÓBIS, COUVE-FLOR, EDAMAME

COMBINAÇÃO 4

variação 1

Arroz negro com gengibre (p. 129)

Bolinhas de inhame (p. 89)

Ora-pro-nóbis com cúrcuma (p. 130)

Floretes de couve-flor ao missô (p. 130)

Musseline de edamame (p. 137)

variação 2

Arroz negro (p. 129)

Purê de inhame e ora-pro-nóbis (p. 137)

Brócolis ou couve-flor crocante (p. 142)

Grãos de edamame amassados (p. 128)

transformações

Croquete de edamame e arroz negro (p. 131)

Molho branco de couve-flor (p. 146)

Hossomaki (p. 132)

EDAMAME

6 a 9 meses:
Cozinhe em água fervente por 30 minutos, para ficar bem macio, descarte as vagens e amasse os grãos até formar um purê, prepare pastas como homus ou tempere como preferir. Sirva em uma colher ou sobre uma bolachinha de arroz.

9 a 18 meses:
Cozinhe a vagem até ficar bem macia, descarte e amasse os grãos.

18 a 24 meses:
Se a mastigação estiver desenvolvida, você pode servir os grãos inteiros, sem amassar, descartando a vagem.

24 meses:
Eles adoram aprender com a gente, por isso pegue a vagem do edamame e extraia os grãos com a boca, ensinando seu filho a fazer o mesmo.

ALGA NORI

Crocante, gostosa e saudável! A alga nori faz o maior sucesso por aqui.

6 a 9 meses:
Rasgue folhas secas de alga nori sem sal em flocos e sirva sobre legumes e risotos.

9 a 12 meses:
Introduza as tiras finas ou picadas.

12 a 24 meses:
Continue com algas marinhas picadas ou, se sentir que já é hora, introduza folhas inteiras no lanchinho. Estimule a comerem aos poucos, dando mordidas em vez de comer tudo de uma vez.

ARROZ NEGRO

Rende: *4 a 8 porções*

Os primeiros contatos do Chico com arroz negro foram tão malsucedidos que desistimos de oferecer. Até que um dia ele pegou uma mãozona do meu prato. Nada como dar tempo ao tempo e servir de exemplo para inspirar as escolhas dos pequenos. Agora não pode faltar arroz negro aqui em casa!

Sirva soltinho com gersal, em forma de bolinha ou em preparações como hamburguinhos, croquetes e almôndegas!

- ½ xícara de arroz negro
- 1 cebola pérola
- 1 ¼ a 1 ½ xícara de água ou caldo de legumes
- Fio de azeite
- Sal (opcional e só para bebês acima de 1 ano)
- 1 pedaço de alga kombu hidratada (opcional)

Deixe o arroz de molho por 30 minutos a 1 hora, depois lave em uma peneira. Se não quiser deixar de molho, passe duas vezes por água corrente e esfregue com as mãos para retirar as impurezas (pode demorar um pouco mais para cozinhar e precisar de mais água).

Ferva o caldo ou a água e apague o fogo. Aqueça uma panela pequena em fogo baixo e coloque o azeite e a cebola picadinha. Deixe por alguns minutos, até ficar transparente. Adicione o arroz negro e toste um pouco. Junte a água ou o caldo, o sal e a alga kombu (opcional). Misture bem e tampe, cozinhando em fogo baixo por aproximadamente 30 minutos.

Quando não estiver mais aparecendo líquido sobre o arroz, tire um pouco a tampa e deixe cozinhando até toda a água sumir.

Pegue um garfo e veja se está sequinho e no ponto desejado. Se necessário, coloque um pouco mais de água quente e aguarde. Desligue o fogo e mantenha a panela tampada por 5 minutos para finalizar o cozimento.

DICA

- Rale gengibre finamente e adicione à cebola antes do arroz.

ORA-PRO-NÓBIS COM CÚRCUMA

Rende: *2 a 4 porções*

A ora-pro-nóbis é uma panc (planta alimentícia não convencional) rica em proteínas e muito nutritiva. É extremamente versátil, e por sua textura suculenta pode substituir o ovo para dar liga em bolinhos e hamburguinhos.

> 1 xícara de ora-pro-nóbis
> ½ colher (sopa) de óleo de coco, azeite ou manteiga ghee
> ½ colher (café) de cúrcuma
> Sal (opcional e só para bebês acima de 1 ano)

Pique as folhas em tiras bem fininhas. Aqueça a gordura que escolher em uma frigideira pequena em fogo baixo. Adicione a cúrcuma e mexa por 30 segundos. Coloque as folhas, mexa por mais 30 segundos e desligue.

FLORETES DE COUVE-FLOR AO MISSÔ

* só para bebês acima de 1 ano

Rende: *2 a 4 porções*

> 2 xícaras de couve-flor
> 1 colher (sopa) de azeite
> 1 colher (café) de curry ou páprica (opcional)
> ½ colher (chá) de missô orgânico
> 2 colheres (sopa) de suco de laranja

Coloque água para ferver. Retire as folhas e o caule da couve-flor. Em seguida corte-a em floretes pequenos e lave em água corrente. Coloque os floretes em um cesto de cozimento ao vapor e com a água já fervendo tampe. Deixe cozinhar por cerca de 7 minutos, dependendo do tamanho da couve-flor e da textura desejada.

Junte o azeite, o suco de laranja e o missô em uma panela pequena e aqueça. Assim que a couve-flor estiver no ponto desejado, adicione ao refogado, mexa um pouco e desligue.

CROQUETE DE EDAMAME E ARROZ NEGRO

Esse croquete pode ser preparado de diversas formas: varie nos formatos e na farinha para empanar! Não se prenda aos ingredientes principais. Use os alimentos nutritivos que já tiver prontos, então bata e modele. Você pode servir com um ketchup natural ou outra pastinha que tiver.

½ xícara de arroz negro cozido
½ xícara de edamame cozido
¼ de xícara de inhame cru ralado fino
1 a 2 colheres (sopa) de azeite
1 colher (chá) de pasta de alho
1 colher (chá) de sumo de limão
1 colher (chá) de orégano
1 colher (café) de páprica
1 colher (sopa) de pasta de castanhas (opcional)
1 ou 2 colheres (chá) de missô (opcional e só para bebês acima de 1 ano)
Sal (opcional e só para bebês acima de 1 ano)

PARA EMPANAR
Farinha nutritiva (p. 196)

Bata todos os ingredientes com exceção do inhame ralado no processador de alimentos, até formar uma massinha. Incorpore o inhame com as mãos. Acerte os temperos e modele os croquetes. Passe em uma farinha nutritiva e leve para assar por aproximadamente 10 minutos.

AVISO: Esta receita inclui oleaginosas, que podem ser alergênicas.

SUSHI (HOSSOMAKI)

Rende: *2 a 4 porções*
Utensílio: *esteira para sushi*

Sushi costuma despertar o interesse da criançada, e é uma forma de introduzir com segurança algas marinhas, que podem ser grudentas e difíceis de mastigar no início da introdução. Atente-se sempre aos rótulos e escolha as versões sem sal e glutamato monossódico.

Caso não tenha alga em casa, você pode utilizar folhas de acelga ou fatias finas de pepino no lugar.

> 1 xícara de arroz bem cozido e grudento (japonês, integral, negro ou colorido)
> Alga nori
> Recheio de sua preferência

SUGESTÕES DE COMBINAÇÕES
Pepino e manga
Abacate e cenoura cozida em finas tiras
Tofu, abacate e beterraba cozida em finas tiras

Corte os vegetais de comprido, em tiras finas ou mais grossas, dependendo da variedade e das habilidades do seu bebê. Separe o arroz. Forre a esteira com um filme plástico.

Corte a folha de alga no meio e coloque sobre a esteira, com a parte brilhante para cima. Molhe as mãos e pegue mais ou menos uma porção entre pequena e média de arroz, então faça uma bola.

Coloque a bola no meio da folha e espalhe igualmente por ela, deixando uma margem de 2 cm sem arroz nas bordas de cima e de baixo. Cuidado para não apertar o arroz: só o espalhe.

Coloque o recheio em uma das pontas e umedeça as margens vazias da alga com um pouco de água. Segure a alga e a esteirinha com o indicador e o polegar, e o recheio com os outros dedos, depois enrole pouco a pouco, mantendo o rolinho bem apertado. Pressione todos os lados, principalmente na ponta.

Corte o rolinho ao meio, depois mais três vezes, totalizando oito peças.

Sirva a seguir, com o molho de laranja.

DICA

- A textura do arroz é importante para que os rolinhos fiquem firmes. Se não estiver grudento, bata um pouco no processador de alimentos, incorpore ao restante e amasse para dar liga.

Alga kombu

A alga kombu é um alimento versátil muito utilizado na cozinha macrobiótica para dar sabor aos alimentos e deixá-los mais leves e digestivos. Rica em fibras, sais minerais e vitaminas, essa alga pode ser considerada um suplemento alimentar, devido às suas propriedades nutritivas.

LEITES VEGETAIS

Utensílio: *voal ou pano de prato novo*

Incluir o leite vegetal na dieta dos pequenos é uma ótima forma de introduzir nutrientes vegetais que ajudam no bom funcionamento do organismo, principalmente para aqueles que apresentam alguma sensibilidade ao leite animal, muito comum em bebês e crianças.

Para tornar o leite vegetal mais nutritivo e adicionar cálcio em suas preparações, inclua 1 a 2 colheres (sopa) de sementes de gergelim demolhadas por 4 horas! Você também pode dar um gostinho com extrato de baunilha ou canela e uma leve pitada de sal, para bebês de mais de 1 ano.

A receita dos leites vegetais é a mesma, com proporções diferentes de grãos, sementes, castanhas ou coco.

GIRASSOL
1 xícara de sementes de girassol deixadas de molho por 8 horas ou fervidas por 10 minutos
2 a 3 xícaras de água filtrada

ARROZ
1 xícara de arroz branco orgânico deixado de molho por 2 horas ou cozido com 8 xícaras de água por 50 a 60 minutos antes de bater
8 xícaras de água filtrada

AVEIA
1 xícara de aveia sem glúten lavada e deixada de molho por cerca de 1 hora
2 xícaras de água filtrada

COCO
2 xícaras de coco fresco ralado (aproximadamente 100 g) deixado de molho na água quente por 30 minutos (não é necessário descartar a água antes de bater)
1 xícara de água filtrada

CASTANHAS
⅓ de xícara de castanha-de-caju crua e sem sal deixada de molho por pelo menos 6 horas (não é necessário coar o leite após bater)
1 ½ a 2 xícaras de água filtrada

Lave as castanhas e deixe de molho pelo tempo indicado. Descarte a água do molho e volte a lavar as castanhas em água corrente (exceto o arroz e o coco). Junte a água na proporção indicada e a base mais o gergelim (opcional) no liquidificador e bata até triturar completamente e virar um creme. Use um voal ou pano de prato fino e novo para coar.

Finalize com gotinhas de extrato de baunilha ou canela e sal, se desejar e estiver de acordo com a idade do bebê. Mantenha refrigerado em uma garrafa de vidro fechada por até 3 dias.

DICAS

• Além de ser mais acessível, a semente de girassol tem diversas propriedades nutricionais.

• Deixe as castanhas de molho antes de dormir e faça o leite na manhã seguinte.

• A textura do leite vai depender da quantidade de água.

• O que sobrar pode virar ricota (p. 136) ou ser utilizado em outros preparos.

AVISO: Esta receita inclui oleaginosas, que podem ser alergênicas.

"RICOTA"

Rende: *1 xícara*

Esta receita substitui a ricota tradicional. Você pode usar diferentes bases e brincar com as texturas e os sabores. Também é possível deixá-la mais saborosa e atrativa adicionando temperinhos que vão fazer toda a diferença.

Uma opção é utilizar uma fonte proteica como o tofu, que lembra a ricota de origem animal. Também é possível utilizar oleaginosas como base. Amêndoas sem pele (ou farinha), castanhas, macadâmias e sementes de girassol são ótimas opções.

Sementes de girassol que restaram da produção do leite (aproximadamente ¾ de xícara) ou tofu
4 colheres (sopa) de azeite
½ a 1 colher (sopa) de vinagre de maçã ou de sumo de limão
1 colher (café) de orégano
Sal (opcional e só para bebês acima de 1 ano)

OPCIONAIS
½ colher (sopa) de missô claro (só para bebês acima de 1 ano)
1 a 2 colheres (sopa) de levedura nutricional
1 colher (chá) de cebola em pó ou cebolinha francesa finamente picada
1 colher (café) de pasta de alho (p. 61)

Bata todos os ingredientes no processador de alimentos até incorporar bem.

AVISO: Esta receita inclui oleaginosas, que podem ser alergênicas.

PURÊ DE INHAME E ORA-PRO-NÓBIS

Rende: 1 xícara

1 xícara de inhame em cubos
1 punhado de ora-pro-nóbis
1 colher (sopa) de manteiga ghee ou azeite
¼ de xícara de leite vegetal
1 colher (café) de pasta de alho assado (p. 61) (opcional)
Sal (opcional e só para bebês acima de 1 ano)

Corte a ora-pro-nóbis em finas tiras. Aqueça a panela e coloque a gordura e a ora-pro-nóbis. Mexa por 10 segundos, desligue o fogo e reserve.

Cozinhe o inhame com casca em água fervendo por 10 a 20 minutos, dependendo do tamanho, até ficar bem macio.

Descasque o inhame e bata ainda quente com o leite vegetal, o sal e a pasta de alho (se for usar). Deve virar um creme bem liso: se necessário, adicione um tico mais de leite vegetal. Adicione a ora-pro-nóbis e pulse só para incorporar. Acerte os temperos e sirva quente.

DICA

- É bem mais fácil descascar o inhame depois de cozido, e assim os nutrientes são preservados.

MUSSELINE DE EDAMAME

Rende: 1 xícara

1 xícara de grãos de edamame cozidos
1 colher (sopa) de farinha de amêndoa
1 punhado de alho-poró
1 colher (sopa) de manteiga ghee
⅓ de xícara de leite vegetal
Sal (opcional e só para bebês acima de 1 ano)
Noz-moscada ralada na hora (opcional)

Doure a farinha de amêndoa em uma panela em fogo baixo. Adicione a manteiga e o alho-poró e refogue por alguns minutos. Coloque o edamame já cozido e o leite vegetal, o sal (se for usar) e a noz-moscada. Deixe até levantar fervura. Transfira tudo para o liquidificador e bata ainda quente.

Sirva como purê na refeição principal ou como pastinha no café da manhã ou no lanche.

DICA

- Refogue um pouco de cebola até dourar e incorpore na hora de bater.

AVISO: Esta receita inclui oleaginosas, que podem ser alergênicas.

5. QUINOA, ALHO-PORÓ, RABANETE, BRÓCOLIS, FEIJÃO-CARIOCA

COMBINAÇÃO 5

variação 1

Quinoa com alho-poró (p. 141)

Chips de rabanete (p. 141)

Brócolis ou couve-flor crocante (p. 142)

Feijão-carioca com tofu (p. 145)

variação 2

Quinoa simples (p. 141)

Rabanete assado (p. 143)

Brócolis ao curry (p. 148)

Feijão-carioca com páprica (p. 145)

transformações

Hamburguinho de feijão, quinoa e alho-poró (p. 144)

Risoto cremoso de brócolis (p. 148)

Espaguete ao molho branco (p. 147)

BRÓCOLIS

Esse é um dos alimentos mais bem recebidos pelos bebês, provavelmente pelo formato lúdico, semelhante ao de uma árvore.

6 a 9 meses:
Sirva floretes grandes cozidos no vapor por 5 a 10 minutos, dependendo do tamanho. Cuidado para não cozinhar demais, pois eles desmancham com facilidade. Você também pode oferecer cremoso, como no pesto de brócolis (p. 125).

9 a 12 meses:
Corte em pedaços pequenos.

12 a 24 meses:
Diminua o tempo de cozimento. Use a imaginação e incorpore o brócolis em preparações.

RABANETE

É um alimento de digestão mais lenta. Acho interessante apresentar, mas sugiro introduzir mesmo na alimentação depois dos 12 meses.

6 a 12 meses:
Ofereça cozido, bem molinho, cortado ao meio ou em quartos. Rabanete ralado cru pode ser oferecido com moderação.

12 a 18 meses:
Faça rodelas bem finas, para incentivar o bebê a dar pequenas mordidas. Mostre antes como fazer.

mais de 18 meses:
O bebê já está pronto para comer cru e cortado em quatro.

mais de 24 meses:
É possível oferecer rabanete inteiro cozido, dependendo das habilidades da criança.

QUINOA COM ALHO-PORÓ

Rende: 1 xícara

O alho-poró dá uma graça especial à quinoa. É uma ótima forma de introduzir os caules, responsáveis por nutrir nosso sistema rítmico e superimportantes para o dia a dia dos pequenos.

½ xícara de quinoa branca lavada
¼ de xícara de alho-poró em rodelas finas
1 xícara de água quente ou caldo de legumes
½ colher (sopa) de azeite
Sal (opcional e só para bebês acima de 1 ano)

Coloque a quinoa em uma peneira fina e lave em água corrente fria, mexendo com a mão, depois aperte bem para sair toda a água.

Aqueça o azeite em uma panela pequena em fogo médio-alto. Coloque a quinoa e toste por 2 minutos, mexendo sempre. Adicione o alho-poró e refogue por mais 2 minutos.

Adicione a água ou o caldo de legumes e o sal (se for usar). Tampe a panela, abaixe o fogo e deixe cozinhar por 10 a 15 minutos, até secar. Desligue o fogo. Deixe a quinoa descansar por 5 minutos, com a panela tampada. Depois mexa e solte a quinoa com um garfo, liberando o vapor.

DICAS

- Para preparar a quinoa simples basta não colocar o alho-poró.

- Lavar a quinoa acaba eliminando a saponina, revestimento que confere um sabor amargo.

CHIPS DE RABANETE

Rende: 2 a 4 porções
Utensílios: 1 mandolina (ou cortador de legumes) e 1 assadeira perfurada

Chips é uma forma descontraída de colocar raízes no prato dos pequenos. É difícil que não façam sucesso quando estão bem temperadinhos e crocantes! A assadeira perfurada é importantíssima nessa receita.

2 a 4 rabanetes
1 colher (sopa) azeite
½ colher (café) de alho em pó
Pimenta-do-reino a gosto
Sal (opcional e só para bebês acima de 1 ano)

Em um pote, coloque o azeite, o sal (se for usar), a pimenta-do-reino e o alho, mexa bem e, então, reserve. Lave bem os rabanetes com a casca, depois seque. Corte em rodelas finas: quanto mais fino mais crocante vai ficar. Junte o azeite temperado e deixe descansar.

Preaqueça o forno a 160°C. Distribua o rabanete em uma assadeira perfurada, sem sobrepor. Asse por 10 a 15 minutos — fique atento, é bem rápido. Quando os chips estiverem dourados e secos, retire do forno e deixe esfriar em um recipiente frio para manter crocante.

DICA

- Siga os mesmos passos para preparar chips de batata yacon, que é supernutritiva e docinha.

BRÓCOLIS OU COUVE-FLOR CROCANTE

Rende: *2 a 4 porções*
Utensílio: *1 assadeira perfurada*

1 colher (sopa) de azeite
1 colher (café) de alho ou cebola em pó
Ervas e especiarias a gosto
Sal ou gersal (opcional e só para bebês acima de 1 ano)

PARA EMPANAR
1 "ovo" para empanar (p. 63)
1 xícara de farinha "panko" (p. 64)

Preaqueça o forno a 180°C.

Lave o brócolis e corte em floretes médios, de 3 a 4 cm. Cozinhe no vapor por 5 a 10 minutos, até dar para furar facilmente com um garfo. Não cozinhe demais.

Seque o brócolis com cuidado e tempere com um pouco de azeite. Misture ligeiramente o "ovo" para empanar em uma tigela média. Em outra tigela, ponha a farinha "panko". Passe os floretes no "ovo", deixe sair o excesso, transfira para a tigela da farinha e balance para empanar por inteiro. Vá colocando os brócolis distanciados na assadeira perfurada.

Asse por aproximadamente 10 minutos. Fique atento, pois cada forno é um forno. Se não estiver usando a assadeira perfurada, vire na metade desse tempo e deixe até ficar bem crocante.

Tire do forno e sirva imediatamente.

RABANETE ASSADO

Rende: 2 a 4 porções

4 rabanetes médios ou grandes
1 colher (sopa) de azeite
Sal (opcional e só para bebês acima de 1 ano)

Preaqueça o forno a 190°C.
   Lave bem a casca dos rabanetes e corte ao meio ou em cubos pequenos. Tempere com azeite e sal (se for usar) e coloque em uma assadeira pequena. Borrife um pouco de água e tampe bem para não deixar que saia o vapor: isso ajuda a deixar o rabanete mais macio.
   Leve ao forno para assar por 40 minutos.
   Ofereça inteiro ou no corte adequado à idade do seu bebê.

HAMBURGUINHO

Esta é mais uma receita que pode ser feita com as sobras de casa. Gosto de sempre colocar um grão, como feijão, lentilha ou grão-de-bico, cereal e vegetais. Minha sugestão é feijão-carioca, quinoa com alho-poró (p. 141), brócolis picadinho e cenoura ralada fino.

Modele hamburguinhos e dê o ponto com uma farinha nutritiva apenas se necessário! As crianças podem comer puro, com as mãos, ou com pão e queijo.

> ½ xícara de grãos cozidos e temperados
> ½ xícara de cereais
> ½ xícara de legumes picadinhos ou raízes raladas crua
> Raízes raladas fino (opcional)
> 1 punhado de ervas frescas picadinhas
> ¼ de xícara ou mais de farinha de aveia sem glúten (ou outra farinha nutritiva)
> Sal (opcional e só para bebês acima de 1 ano)
> Temperos a gosto

Escorra bem os grãos cozidos. Amasse e incorpore os demais ingredientes. Você também pode colocar todos os ingredientes em um processador de alimentos e bater. Coloque um pouco de azeite e tempere conforme desejar, lembrando que preparações aproveitadas podem já estar temperadas.

Caso a massa fique mole demais, você pode dar o ponto de duas formas:

1. Levando ao fogo em uma frigideira grande e mexendo até soltar da panela, depois levando à geladeira antes de modelar;
2. Incorporando pouco a pouco mais farinha nutritiva e acertando os temperos antes de modelar.

Coloque um pouco de gordura em uma frigideira e grelhe de ambos os lados.

SUGESTÕES

- Farinhas: semente de girassol, aveia, amaranto, amêndoas
- Cereais: quinoa, painço, cuscuz, trigo-sarraceno, arroz
- Grãos: feijão, lentilha, grão-de-bico
- Raízes: inhame, cenoura, beterraba

FEIJÃO-CARIOCA COM PÁPRICA OU TOFU DEFUMADO

Rende: *8 porções*

- 1 xícara de feijão-carioca
- 3 xícaras de água
- 1 cebola pérola
- 1 colher (chá) ou mais de pasta de alho assado (p. 61)
- 2 colheres (sopa) de azeite
- 4 folhas de louro
- Orégano
- Páprica defumada (opcional)
- Ervas frescas (opcional)
- Sal (opcional e só para bebês acima de 1 ano)

Deixe o feijão de molho por pelo menos 12 horas, se puder 24 horas, trocando a água de tempos em tempos. Descarte a água do molho e transfira o feijão para uma panela de pressão. Cubra com água e coloque as folhas de louro. Cozinhe por 10 minutos depois de pegar pressão.

Enquanto isso, refogue a cebola com azeite no fogo baixo. Deixe por 10 minutos, mexendo sempre, e se necessário vá colocando um pouco de água. Adicione o orégano, a pasta de alho e a páprica defumada, mexa por alguns segundos e desligue o fogo. Desligue o feijão e deixe sair toda a pressão antes de abrir a panela.

Amasse bem um pouco do feijão: isso ajuda a engrossar o caldo. Junte o refogado, tempere com sal (se for usar) e pimenta. Deixe cozinhar no fogo baixo, sem a tampa, por aproximadamente 15 minutos ou até chegar ao ponto desejado e o caldo engrossar. Mexa de tempos em tempos para não grudar no fundo da panela. Desligue o fogo e sirva quente.

Com tofu defumado

- ¼ de xícara de tofu defumado em pequenos cubos

Pique o tofu defumado em cubos pequenos e refogue por 5 minutos com a cebola.

145

MOLHO BRANCO DE COUVE-FLOR

Rende: 1 ½ xícara

½ couve-flor pequena (1 ½ xícara)
½ cebola picadinha (opcional)
2 colheres (sopa) de manteiga ghee
½ colher (sopa) de sumo de limão
1 colher (chá) de pasta de alho assado (p. 61)
Noz-moscada ralada na hora
Sal (opcional e só para bebês acima de 1 ano)

OPCIONAIS
1 colher (sopa) de levedura nutricional
1 colher (chá) de missô claro orgânico (só para bebês acima de 1 ano)
Água para dar o ponto

Corte a couve-flor em floretes pequenos, depois cozinhe no vapor por 15 minutos.

Enquanto isso, coloque a manteiga ghee em uma panela pequena, adicione o alho, a cebola e a noz-moscada, cozinhe em fogo bem baixo por alguns minutos, coloque um pouco de água, se necessário, tampe e deixe por 5 a 10 minutos, então desligue e reserve.

Retire a couve-flor do vapor, adicione ao refogado e cozinhe por 3 minutos. Bata no liquidificador com os demais ingredientes. Adicione a levedura nutricional e o missô se desejar. Deixe chegar a uma textura bem aveludada e acerte os temperos e o ponto da água, se necessário.

Sirva como molho de massas e nhoques ou use na preparação de purês.

DICA

• Adicione um pouco de tahine e faça um homus de couve-flor para servir com palitinhos de cenoura ou com torradinhas.

AVISO: Esta receita inclui oleaginosas, que podem ser alergênicas.

CREME DE LEITE DE QUINOA

Rende: 2 a 4 porções

1 xícara de quinoa cozida com alho-poró (p. 141) ou quinoa branca simples
1 ⅓ xícara de leite vegetal
1 ½ colher (sopa) de manteiga ghee ou azeite
1 colher (café) de pasta de alho assado (p. 61)
1 ½ colher (sopa) de missô claro orgânico (só para bebês acima de 1 ano)
1 colher (café) de vinagre de maçã
Noz-moscada ralada na hora
½ colher (café) de sal (opcional e só para bebês acima de 1 ano)

Coloque todos os ingredientes em uma panela pequena e aqueça.

Bata no liquidificador até ficar um creme bem uniforme e sem pedaços. Mantenha refrigerado em potes herméticos por até 1 semana ou congele por até 3 meses.

AVISO: A receita à direita inclui parmesão, que pode ser alergênico.

ESPAGUETE AO MOLHO BRANCO

Rende: 2 a 4 porções

Este costuma ser o queridinho dos pequenos. As crianças devem desenvolver a habilidade de enrolar o macarrão na introdução alimentar, mas é preciso ficar atento e cortar os fios em pedaços pequenos para evitar engasgos.

100 g de espaguete de quinoa e amaranto (ou outro de sua preferência)
Molho branco ou creme de leite de quinoa
Levedura nutricional ou parmesão

Cozinhe o macarrão de acordo com a forma de preparo sugerida. A quantidade de molho é a olho, até porque tem criança que gosta com mais e tem criança que gosta com menos. Incorpore e finalize com parmesão.

BRÓCOLIS AO CURRY

Rende: *2 a 4 porções*

- 2 xícaras de brócolis em floretes
- 2 colheres (sopa) de manteiga vegetal ou ghee
- ½ a 1 colher (chá) de curry em pó
- Sal (opcional e só para bebês acima de 1 ano)

Lave os brócolis e corte os floretes do tamanho desejado e o talo em bastões. Cozinhe no vapor até ficarem bem macios (cuidado para não deixar mole demais), o que deve levar de 8 a 10 minutos.

Enquanto isso, derreta a manteiga, adicione o curry, deixe por 30 segundos e desligue o fogo. Adicione gotas de limão.

Retire os brócolis do vapor e coloque ainda quente em uma tigela. Tempere com a manteiga ao curry e mexa para misturar bem.

RISOTO CREMOSO DE BRÓCOLIS

Rende: *2 a 4 porções*

- 1 xícara de brócolis em floretes
- ½ xícara de arroz integral cozido
- 1 cebola pérola picadinha
- 2 colheres (sopa) de manteiga ghee ou azeite
- ½ colher (chá) de alho em pó ou pasta de alho assado (p. 61)
- 2 colheres (chá) de orégano
- 1 colher (café) de páprica defumada ou doce (opcional)
- ¼ de xícara de caldo de legumes ou água quente
- ½ colher (café) de sal (opcional e só para bebês acima de 1 ano)
- ½ xícara de creme de leite de quinoa (p. 147) ou outro molho branco de sua preferência
- 2 colheres (sopa) de parmesão (opcional)

Corte os brócolis em floretes, depois pique em pedaços de 1 cm. Aqueça a gordura em fogo baixo, adicione a cebola picadinha e refogue por alguns minutos, até começar a caramelizar. Coloque a páprica e o orégano, adicione 2 colheres (sopa) de água, tampe e deixe cozinhando por uns 5 minutinhos, mexendo de tempos em tempos.

Adicione os brócolis, mexa por 2 minutos e coloque o creme de leite de quinoa ou molho branco, o caldo ou a água e sal (se for usar). Tampe e deixe cozinhando por aproximadamente 10 minutos.

Acrescente o arroz cozido e o parmesão e mexa até incorporar e aquecer, colocando um pouco mais de água, se necessário.

Sirva imediatamente.

AVISO: Esta receita inclui parmesão, que pode ser alergênico.

6.
MILHO, MANDIOQUINHA, ERVA-DOCE, ALCACHOFRA, TEMPÊ

COMBINAÇÃO 6

variação 1

Milho verde na manteiga (p. 153)

Nhoque de mandioquinha (p. 153)

Bastões de erva-doce (p. 56)

Purê de alcachofra (p. 154)

Tempê marinado e grelhado (p. 154)

variação 2

Polenta (p. 158)

Mandioquinha na manteiga de ervas (p. 160)

Cubinhos de alcachofra (p. 156)

Bolonhesa de tempê (p. 155)

transformações

Almôndegas de tempê e milho (p. 157)

Penne à bolonhesa (p. 156)

Pastel (p. 161)

Mac & cheese (p. 163)

MILHO

Grãos pequenos, incluindo milho, representam risco potencial de asfixia para bebês com menos de 1 ano. Sirva milho na espiga, pois ao roer o bebê esmagará os grãos.

6 a 12 meses:
Cozinhe na panela de pressão por aproximadamente 40 minutos e sirva na espiga cortada em rodelas de 2 dedos. Aumente o tamanho da espiga aos poucos.

18 a 24 meses:
Ofereça grãos de milho soltos ou misturados em outros pratos.

MACARRÃO

Hoje se encontra com facilidade em mercados e na internet massas supernutritivas à base de quinoa, amaranto, feijão, milho orgânico e outros!

Um utensílio muito bem-vindo nesse momento é a tesoura de cozinha, para facilitar o corte do espaguete para prevenir engasgos.

6 a 9 meses:
Comece oferecendo opções maiores e com uma textura mais firme, como penne, rigatoni ou parafuso.

9 a 12 meses:
Cozinhe bem e corte massas grandes em pedaços menores ou opte por opções menores.

12 a 18 meses:
Hora de explorar as formas e texturas. Já se pode oferecer opções mais longas e finas, como espaguete ou macarrão de arroz, cortadas em fios menores.

NHOQUE DE MANDIOQUINHA

As raízes contribuem para o desenvolvimento cerebral e sensorial, e nesta receita você pode usar o que tiver sobrado de outras refeições: é só bater, temperar, dar o ponto com uma farinha boa, enrolar e cortar!

> 2 xícaras de mandioquinha em cubos de 2 cm
> 2 colheres (sopa) de manteiga ghee ou azeite
> 1 colher (sopa) de polvilho doce
> ¼ de xícara (ou mais) de farinha de arroz branco
> Sal (opcional e só para bebês acima de 1 ano)
> Temperos (levedura nutricional, molho pesto, alho em pó...)

Corte a mandioquinha em pedaços pequenos e cozinhe no vapor até ficar macia, o que deve levar de 12 a 15 minutos, dependendo do corte. Não cozinhe demais.

Bata ainda quente no processador, até formar uma massinha bem lisa. Incorpore a manteiga, o polvilho, a farinha de arroz e temperos a gosto.

Coloque em uma frigideira antiaderente grande e mexa até firmar bem (tem que passar do ponto de brigadeiro de enrolar), o que pode levar uns 10 ou 15 minutos, dependendo do ponto da mandioquinha.

Coloque em um pote hermético e leve à geladeira por pelo menos 2 horas para firmar. Se achar necessário, depois desse tempo, polvilhe a farinha de arroz e incorpore aos poucos. Faça cobrinhas com a palma das mãos e corte em pedaços pequenos, de acordo com as habilidades do bebê.

Não é preciso cozinhar o nhoque depois: salteie em um pouco de manteiga e sirva com ou sem molho.

MILHO VERDE NA MANTEIGA

Esta é uma forma de estimular a coordenação motora: os pequenos costumam adorar comer milho com as mãos e explorar diferentes ângulos de mordida. Opte sempre que possível pelos orgânicos e não transgênicos!

> 2 unidades de milho verde
> Água
> 1 colher (sopa) de manteiga ghee
> Sal (opcional e só para bebês acima de 1 ano)

Corte o milho em 4 a 8 partes, coloque na panela de pressão, cubra com água, adicione uma pitada de sal e leve para cozinhar por 30 minutos.

Confirme se o milho está mole espetando um garfo. Escorra toda a água, seque, tempere ainda quente com a manteiga e deixe esfriar.

Se o bebê estiver no início da introdução alimentar, usando uma faca grande e afiada, corte todas as fileiras no meio dos grãos, de ponta a ponta. Assim fica mais fácil para o bebê comer e os riscos de engasgo são menores.

PURÊ DE ALCACHOFRA

Rende: 1 ½ xícara

- 6 fundos de alcachofra
- ¼ de xícara de inhame ou batata cozidos
- 1 colher (sopa) de manteiga ghee
- 1 colher (sopa) de farinha de amêndoa ou arroz
- ½ xícara de creme de leite vegano
- Sal (opcional e só para bebês acima de 1 ano)
- Noz-moscada ralada na hora (opcional)

Corte os fundos de alcachofra em cubos e cozinhe-os no vapor por 10 minutos.

Enquanto isso, coloque a manteiga e a farinha em uma panela pequena, deixe cozinhar em fogo baixo até dourar, adicione o creme de leite, a alcachofra, a batata ou o inhame e uma pitada de sal (se for usar), mexa e desligue o fogo.

Bata a alcachofra ainda quente no liquidificador com o creme que estava na panela, até ficar bem liso. Volte para a panela e acerte o ponto e os temperos.

DICA
- Use nesta receita os cubinhos de alcachofra (p. 156)

AVISO: Esta receita inclui oleaginosas, que podem ser alergênicas.

TEMPÊ MARINADO E GRELHADO

Rende: 2 a 4 porções

O tempê é um alimento milenar típico da Indonésia. É fermentado, proteico, extremamente nutritivo e rico em fibras. Sua aparência pode não ser das mais atrativas para os pequenos, então vale "camuflá-lo" em preparações mais atraentes.

O tempê marinado que sobrar do almoço pode ser transformado em almôndegas com milho!

- 50 g de tempê (¼ do pacote)
- 1 colher (sopa) de óleo de gergelim ou azeite
- ½ xícara de suco de beterraba ou laranja
- 1 colher (chá) de alho em pó ou de pasta de alho assado (p. 61)
- 2 colheres (chá) de missô (só para bebês acima de 1 ano)

Corte o tempê em pedaços pequenos, sejam quadrados, retângulos ou triângulos. Distribua em um refratário pequeno, sem sobrepor. Prepare a marinada incorporando os demais ingredientes. Despeje sobre o tempê e deixe na geladeira por um tempo (se preferir e quiser agregar mais sabor, faça isso na noite anterior).

Coloque os pedaços de tempê em um frigideira com um pouco de azeite, reservando a marinada.

Doure brevemente de ambos os lados, adicione a marinada, tampe e cozinhe em fogo baixo. Deixe até o líquido evaporar e o tempero penetrar o tempê, virando uma vez.

AVISO: Esta receita inclui oleaginosas, que podem ser alergênicas.

BOLONHESA DE TEMPÊ

Rende: *2 a 4 porções*

- 50 g (½ xícara) de tempê esfarelado
- 1 ½ xícara de molho vermelho (p. 108)
- ½ cebola finamente picada
- 1 colher (chá) de pasta de alho assado (p. 61)
- 1 colher (sopa) de azeite
- ½ colher (chá) de orégano
- 1 colher (chá) de vinagre de maçã
- Ervas frescas para finalizar
- Sal (opcional e só para bebês acima de 1 ano)

Em uma panela pequena, refogue a cebola no azeite em fogo médio-baixo. Coloque o vinagre e deixe por aproximadamente 10 minutos, adicionando água de tempos em tempos para deixar bem macia. Junte a pasta de alho, o orégano, o sal (opcional) e o tempê, aumente o fogo e mexa por 5 minutos, até tostar levemente.

Junte o molho vermelho e 1 xícara de água quente ou de caldo de legumes, tampe, abaixe o fogo e deixe reduzir por 20 minutos, depois jogue ervas frescas bem picadinhas por cima.

DICA

- Coloque sobre polenta, panquecas e massas ou incorpore em risotos.

PENNE À BOLONHESA

Rende: *2 a 4 porções*

- 80 g de penne de quinoa ou outro de sua preferência
- ½ xícara de molho à bolonhesa
- Ervas frescas (opcional)
- Parmesão

Cozinhe o macarrão de acordo com a forma de preparo. Se o bebê tiver menos de 1 ano, cozinhe um pouco mais para ficar bem molinho.

Aqueça o molho em uma panela pequena, desligue e adicione ervas frescas (se for usar).

Quando o macarrão estiver pronto, coloque na panela do molho, mexa por 30 segundos e sirva.

Finalize com parmesão ou outro queijo de sua preferência.

AVISO: Esta receita inclui parmesão, que pode ser alergênico.

CUBINHOS DE ALCACHOFRA

- 6 fundos de alcachofra
- 1 colher (sopa) de manteiga ghee ou azeite
- 1 colher (café) de orégano
- Sal (opcional e só para bebês acima de 1 ano)
- 1 punhado de ervas frescas

Corte os fundos de alcachofra em cubos ou em bastões no tamanho desejado e seguro. Cozinhe no vapor por 8 a 12 minutos. Coloque em uma tigela ainda quente, seque e tempere com os demais ingredientes.

ALMÔNDEGAS DE TEMPÊ E MILHO

Rende: *8 unidades*

Esta é uma boa opção para o jantar, por ter uma fonte proteica vegetal que contribui com um processo de digestão e absorção mais leve. Sirva com macarrão, molho vermelho de tubérculos (p. 108), polenta (p. 158) ou musseline de edamame (p. 137).

50 g (½ xícara) de tempê esfarelado
1 espiga (½ xícara) de milho orgânico
1 colher (chá) de pasta de alho assado (p. 61)
2 colheres (sopa) de azeite
½ colher (chá) de páprica defumada
½ colher (chá) de orégano seco
1 colher (sopa) de polvilho doce (opcional para dar ponto)
½ colher (sopa) de sumo de limão
¼ de xícara de ervas frescas (salsinha e cebolinha)
¼ de xícara de farinha de sementes de girassol torrada ou aveia sem glúten
Sal (opcional e só para bebês acima de 1 ano)

Se o milho já estiver cozido e o tempê marinado, coloque os grãos de milho ainda mornos no processador de alimentos e pulse, depois junte os outros ingredientes e bata até formar uma massinha uniforme. Acerte o tempero.

Se não for o caso, corte o milho em quatro e cozinhe por 40 minutos depois que pegar pressão. Aqueça o azeite em uma frigideira grande, adicione a páprica e o orégano e refogue por 30 segundos. Junte o tempê e a pasta de alho, um pouco de água e sal (se for usar), e refogue por 5 a 10 minutos, até o tempê secar. Com o fogo baixo, deixe secar bem e doure levemente.

Escorra o milho, deixe esfriar um pouco e tire os grãos quando ainda estiver morno. Seque bem e coloque no processador de alimentos, então faça como indicado no início da receita.

Se a massa estiver muito mole, leve à panela e mexa até que dê para modelar, depois leve à geladeira por 30 minutos a 1 hora.

Faça bolinhas e asse a 180ºC por 20 minutos.

Sirva com molho vermelho ou branco, com purê de raízes ou uma bela macarronada.

POLENTA

Rende: 1 ½ xícara
Utensílio: 1 batedor de arame (ou colher de pau)

Esta receita exige que você fique de olho nela e mexa com frequência, então o ideal é fazê-la junto com preparações simples. Não deixe de fazer um pouco a mais para preparar palitinhos de polenta, que ficam deliciosos.

- ½ xícara de fubá para polenta (sêmola de milho)
- 2 ¼ xícaras de água ou caldo de legumes
- 1 colher (chá) de pasta de alho assado (p. 61)
- 1 colher (sopa) de manteiga vegetal ou ghee
- Sal (opcional e só para bebês acima de 1 ano)
- Noz-moscada ralada na hora (opcional)

Em uma panela pequena coloque a gordura, a noz-moscada, o alho e a água ou o caldo de legumes, deixe ferver e abaixe o fogo. Vá acrescentando o fubá pouco a pouco com uma mão e mexendo com o batedor de arame com a outra. Cozinhe por aproximadamente 20 minutos, sem parar de bater. A polenta estará pronta quando desprender do fundo da panela.

Sirva imediatamente. Esta polenta combina muito com a bolonhesa de tempê (p. 155).

DICAS

- O líquido precisa estar fervendo para a polenta não empelotar.

- A sêmola deve ser adicionada aos poucos — como dizem os italianos, tal qual a chuva caindo.

- Nunca pare de mexer, ou vai formar grumos. De preferência, use um batedor de arame.

- Para reavivar a polenta depois que esfriar, bata com um pouco de água e volte para o fogo, retornando ao início do processo.

POLENTA COM MILHO

Rende: 2 xícaras
Utensílio: 1 batedor de arame (ou colher de pau)

- ½ xícara de fubá para polenta (sêmola de milho)
- 2 ¼ xícaras de água ou caldo de legumes
- ¼ de xícara de grãos de milho cozido
- 1 colher (chá) de pasta de alho assado (p. 61)
- 1 colher (sopa) de manteiga vegetal ou ghee
- Noz-moscada ralada na hora (opcional)
- Sal (opcional e só para bebês acima de 1 ano)

Em uma panela pequena, coloque a manteiga e refogue o milho por uns 3 minutos. Acrescente a noz-moscada, o alho e o caldo de legumes, deixe ferver e abaixe o fogo.

Vá polvilhando com uma mão o fubá enquanto mexe sem parar com a outra, usando um batedor de arame. Cozinhe assim por 20 a 30 minutos. A polenta estará pronta quando desprender do fundo da panela. Acerte o ponto com água, se necessário.

PALITINHOS DE POLENTA

Sempre que faço polenta aqui em casa deixo um pouco para preparar esses palitinhos! É uma delícia, e o Chico adora ver todo mundo comendo com as mãos. Para acompanhar, vale qualquer preparação cremosa, como um purê simples, homus (p. 118) ou mandioqueijo (p. 162).

Utensílios: *1 forma de bolo inglês antiaderente e 1 assadeira perfurada*

- 1 porção de polenta
- 2 a 4 colheres (sopa) de parmesão (opcional)
- Fubá

Separe a forma de bolo inglês ou um refratário quadrado ou retangular grande o suficiente para os palitinhos, que devem ter pelo menos 1 cm de altura.

Prepare a polenta (se for aproveitar sobras, bata com um pouco de água antes). Quando estiver soltando do fundo da panela, deixe mais 2 minutos, mexendo sempre. Se desejar, coloque um pouco de queijo.

Coloque a polenta ainda quente na forma ou refratário, deixando com aproximadamente 1 cm de altura, nivele com as costas de uma colher untada com azeite e deixe na geladeira por pelo menos 8 horas.

Preaqueça o forno a 180°C.

Desenforme a polenta e corte em palitinhos, regue com azeite e passe no fubá.

Use uma assadeira perfurada ou unte uma assadeira grande com azeite. Distribua os palitos de polenta lado a lado — quanto mais espaçados, mais crocantes ficam. Asse por cerca de 30 minutos, virando na metade do tempo. Deixe na textura adequada às habilidades do seu bebê e sirva com mandioqueijo.

AVISO: Esta receita inclui parmesão, que pode ser alergênico.

MANDIOQUINHA NA MANTEIGA DE ERVAS

Rende: 4 porções

- 1 mandioquinha média ou 2 pequenas
- 1 colher (sopa) de manteiga ghee ou azeite
- 1 colher (sopa) de ervas frescas finamente picadas

Lave e seque a mandioquinha. Descasque e apare as pontas. Corte ao meio no sentido do comprimento. Se desejar, corte em cubinhos, tiras ou de acordo com as habilidades do bebê. Cozinhe no vapor por cerca de 15 minutos, até que a mandioquinha fique bem macia. O garfo deve entrar com facilidade ao espetar.

Enquanto as mandioquinhas cozinham, derreta a manteiga ghee em uma frigideira pequena em fogo médio-baixo. Quando estiver espumando, adicione as ervas e mexa por 1 minuto. Jogue as mandioquinhas cozidas na manteiga de ervas, depois deixe esfriar.

DICA

- Faça esta receita com cenoura, inhame e batata-doce, cozinhando de acordo com a textura de cada alimento.

SUGESTÕES DE COMBINAÇÕES

- Mandioquinha com manteiga e manjericão
- Inhame com azeite e cebolinha
- Batata-doce com alecrim
- Cenoura com salsinha

MASSA DE SALGADINHO

- 1 xícara de mix de farinhas (p. 195)
- ½ xícara de mandioquinha em pedaços de 2 cm
- 2 colheres (sopa) de manteiga ghee
- ½ colher (chá) de vinagre
- ¼ de xícara de água quente (aproximadamente)
- 1 colher (café) de sal (opcional e só para bebês acima de 1 ano)
- Pré-fermentação (p. 194)

Cozinhe a mandioquinha no vapor por cerca de 20 minutos, o suficiente para ficar macia, mas não mole demais. Bata no processador ainda quente, até virar uma massa sem nenhum pedaço.

Prepare o fermento. Em uma tigela, coloque o mix de farinhas, o purê ainda morno e o sal (opcional). Abra um buraco no meio das farinhas e coloque a manteiga ghee derretida, o vinagre e a água quente.

Mexa com um garfo, adicione o fermento e amasse na mão.

Se necessário, coloque mais água pouco a pouco até dar o ponto. A massa deve ficar fácil de modelar, mas sem grudar na mão ou ficar muito seca.

Deixe descansar por 10 minutos e leve para a geladeira para firmar por 1 hora.

Pode ser usada para fazer pastel, esfiha e outros.

PASTEL

Rende: *6 a 8 unidades*
Utensílios: *1 rolo para massa ou garrafa, 2 sacos de congelar e cortadores divertidos*

Pastel é algo que remete muito à minha infância e não poderia faltar aqui! Esta versão é assada, e a massa é à base de raízes e mix de farinhas (p. 195). Os pequenos podem participar escolhendo o recheio e o formato.

1 porção de massa de salgadinho (p. 160)

SUGESTÃO PARA O RECHEIO
⅓ de xícara de ricota (p. 136) ou queijo de sua preferência
Tomatinhos picados
Orégano

Misture os ingredientes do recheio e reserve.
Preaqueça o forno a 180°C.
Separe a massa em 6 a 8 partes. Coloque um pouco de água se estiver seca.
Pegue 2 sacos de congelar, coloque uma parte de massa sobre um, polvilhe com um pouco de farinha e cubra com o outro.
Com ajuda de um rolo ou garrafa abra a massa, sem deixar muito fina nem muito grossa (na p. 202 dou mais dicas de como fazer isso).
Corte no formato desejado e recheie os pastéis, deixando 1 dedo sem recheio nas bordas. Para fechar, molhe a ponta dos dedos e passe na parte interna da massa.
Pegue um garfo, umedeça os dentes e feche o pastel com delicadeza. Transfira para uma assadeira, pincele azeite ou manteiga e leve ao forno.
Asse por 20 a 30 minutos (vai variar de acordo com o forno e o tamanho do pastel), virando na metade do tempo.

DICAS

• Tenha sempre 2 sacos reservados para preparações em que é preciso abrir a massa bem fininha, assim você não precisa ficar gastando novos.

• Coloque uma assadeira pequena com água fervente na grade inferior do forno, assim o pastel não seca e fica mais suculento.

• Use forminhas divertidas (cortadores de inox são uma ótima opção) e faça pastéis em formatos lúdicos.

• Aqui em casa eu cortei um tapete de silicone ao meio. Além de caber melhor nas minhas assadeiras, dá para usar no lugar dos sacos de congelar para abrir massa de biscoito e pastel.

MANDIOQUEIJO

Rende: ¾ de xícara

Deliciosamente cremoso, o mandioqueijo vai da feira ao baile! Sirva acompanhado de pães como no fondue, como molhinho acompanhando legumes ou nuggets, ou faça mac & cheese.

- 2 xícaras de mandioquinha cortada em cubos de 2 cm
- 3 colheres (sopa) de manteiga ghee
- ¼ de xícara de água fervente
- 2 colheres (chá) de pasta de alho
- 2 colheres (sopa) de polvilho doce
- 2 colheres (sopa) de levedura nutricional (opcional)
- 1 colher (sopa) de missô claro orgânico (só para bebês acima de 1 ano)
- 1 colher (chá) de vinagre de maçã
- ½ colher (café) de sal (opcional e só para bebês acima de 1 ano)

Cozinhe a mandioquinha picada no vapor por 20 minutos, até ficar bem macia.

Ferva a água e acrescente o polvilho doce e a manteiga ghee, depois mexa por alguns segundos.

Coloque a água com polvilho e a mandioquinha ainda quente no liquidificador, adicione os demais ingredientes e bata até virar um creme liso. Dê o ponto com mais água, lembrando que o mandioqueijo endurece um pouco quando esfria. Acerte os temperos.

Se for servir com palitinhos de polenta, leve à geladeira por pelo menos 30 minutos.

MAC & CHEESE

Esta é uma versão cremosa e nutritiva do famoso mac & cheese, muito tradicional nos Estados Unidos, cujo molho é preparado com mandioquinha.

> ½ xícara de macarrão "joelho" ou parafuso
> ½ xícara de mandioqueijo (p. 162)
> ¼ de xícara de água fervente
> Parmesão

Cozinhe o macarrão em água fervente e tire 2 minutos antes do tempo indicado na embalagem. Enquanto cozinha, coloque o mandioqueijo em uma panela, adicione a água e deixe aquecer no fogo baixinho.

Escorra o macarrão e finalize o cozimento na panela do molho, mexendo sempre. Prove para ver se está na textura desejada.

Se preferir o molho mais fino, adicione mais água, lembrando que ele vai endurecer um pouco quando esfriar, portanto, é melhor deixá-lo um pouco mais ralo.

Finalize com parmesão ou outro queijo de sua preferência.

AVISO: Esta receita inclui parmesão, que pode ser alergênico.

7.
CUSCUZ, ESPINAFRE, MANDIOCA, PEPINO, ERVILHA

COMBINAÇÃO 7

variação 1
- Cuscuz com talo de espinafre (p. 168)
- Rosti de mandioca (p. 169)
- Espinafre refogado (p. 168)
- Bastões de pepino (p. 167)
- Homus de ervilha (p. 118)

variação 2
- Cuscuz de mexerica (p. 171)
- Creme de espinafre e mandioca (p. 171)
- Salada de pepino marinado (p. 167)
- Ervilha cozida (p. 173)

transformações

- Grãomelete de espinafre (p. 170)
- Panqueca recheada com ricota e ervilha (p. 173)
- Bolinho de cuscuz, ervilha e espinafre (p. 168)

CUSCUZ

6 a 12 meses:

Sirva o cuscuz com alimentos macios, como legumes cozidos e frutas, ou em preparações, como mingau ou hambúrguer. Você pode oferecer os grãos sozinhos também: comer cuscuz com as mãos é tradicional em algumas culturas e pode ser divertido. Sempre é bom dar água depois, para garantir que o bebê engula todos os grãozinhos.

12 a 24 meses:

Comece a estimular o uso da colher para pegar o cuscuz.

ESPINAFRE

Por ter uma textura macia, é uma das folhas com melhor aceitação pelos bebês. Basta cozinhar em água fervente por 1 minuto.

6 a 9 meses:

Sirva picadinho ou incorporado a preparos, como bolinho de arroz ou hamburguinhos.

9 a 12 meses:

Ofereça em uma textura mais firme. Você pode também aproveitar os talos: corte em pedacinhos e refogue com água e azeite até ficarem bem macios.

12 a 18 meses:

Ofereça pedaços maiores.

PEPINO

6 a 9 meses:

Você pode optar por pedaços grandes, cortando o pepino ao meio e deixando a casca para não escorregar. Também pode cortar em palitos mais finos e longos, como bastões, o que demanda mais atenção para não haver engasgos. Se o bebê quebrar um pedaço muito grande, fique calmo e dê a ele a chance de lidar com a situação antes de intervir.

9 a 12 meses:

Descasque e corte em fatias longas, largas e finas. Quando o bebê estiver mais desenvolvido, ofereça pedaços menores em cubinhos.

12 a 24 meses:

Descasque e corte em rodelas finas.

SALADA DE PEPINO MARINADO

Rende: *4 porções*
Utensílio: *1 mandolina ou cortador de legumes*

1 pepino pequeno (ou ⅓ a ½ pepino grande)
1 cenoura pequena

PARA A MARINADA
1 colher (sopa) de azeite
1 colher (café) de pasta de alho ou alho em pó
1 colher (chá) de missô orgânico (só para bebês acima de 1 ano)
¼ de xícara de suco de laranja
Sal (opcional e só para bebês acima de 1 ano)

Se o pepino não for orgânico, descasque. Corte o pepino e a cenoura em rodelas bem fininhas, usando uma mandolina ou um cortador de legumes.

Prepare a marinada e inclua os vegetais, deixe descansar por pelo menos 30 minutos, depois leve à geladeira até o dia seguinte.

CUSCUZ COM TALO DE ESPINAFRE

Rende: 2/3 de xícara

- 1 mandioquinha média ou 2 pequenas
- 1 colher (sopa) de manteiga ghee ou azeite
- 1 colher (sopa) de ervas frescas finamente picadas

Os talos, com frequência descartados, são uma forma interessante de trazer nova textura e mais equilíbrio às preparações do dia a dia.

- ¼ de xícara de cuscuz em grãos seco
- 2 talos de espinafre
- ½ cebola pequena picada
- 1 colher (café) de alho assado
- 1 colher (sopa) de manteiga ghee ou azeite
- ⅓ de xícara de água ou caldo de legumes
- Sal (opcional e só para bebês acima de 1 ano)

Coloque o cuscuz em uma tigela, adicione sal (se for usar) e o caldo ou a água fervendo, tampe e deixe descansar por 10 minutos.

Coloque a manteiga ghee e a cebola em uma panela pequena e refogue. Acrescente 1 colher (sopa) de água quente e o alho, tampe e deixe cozinhar lentamente por 5 minutos. Adicione os talos de espinafre bem picadinhos e ½ xícara de água, tampe outra vez e deixe cozinhar por cerca de 10 minutos, até ficar bem macio e toda a água secar.

Solte os grãos do cuscuz com ajuda de um garfo, incorpore os talos refogados e acerte o tempero.

ESPINAFRE SIMPLES

Rende: 2 a 4 porções

- 2 punhados de espinafre
- 1 colher (sopa) de azeite
- 1 colher (café) de alho assado
- 1 pitada de sal (para bebês acima de 1 ano)

Pique as folhas do tamanho desejado e separe o caule para outra preparação.

Coloque água para ferver e prepare uma bacia com água e gelo para fazer o branqueamento do espinafre. Cozinhe o espinafre na água fervente por aproximadamente 2 minutos. Escorra e passe pela água gelada, depois aperte bem para secar.

Aqueça o azeite em uma frigideira em fogo médio. Adicione o alho, mexa por 30 segundos e abaixe o fogo. Junte as folhas e o sal, mexa por no máximo 1 minuto e desligue.

BOLINHO DE CUSCUZ, ERVILHA E ESPINAFRE

Esse bolinho é meu maior aliado em viagens, mas também é um coringa em um dia corrido, ou quando o pequeno não dá a menor bola para o que tem no prato. Basta pegar a comida com que ele não teve contato, misturar e assar.

- 1 punhado de cuscuz
- 1 punhado de ervilha
- 1 punhado de espinafre
- 1 punhado de mandioca
- Farinha nutritiva para dar o ponto, se necessário
- Sal (opcional e só para bebês acima de 1 ano)
- Temperos a gosto

Bata todos os ingredientes no processador de alimentos, faça bolinhas e leve ao forno por 5 a 10 minutos.

ROSTI DE MANDIOCA

Rende: *4 a 6 porções*

Esta receita é minha queridinha. Está no meu primeiro livro, *Divina alquimia*, mas eu não poderia deixá-la de fora daqui também! Aprendi em uma das minhas andanças por aldeias indígenas e incorporei ao meu dia a dia.

Com a base do rosti, também dá para fazer um pão, acrescentando farinha, uma gordura boa e fermento. A mandioca ralada pode ser armazenada por mais de uma semana na geladeira.

- 1 xícara de mandioca descascada e ralada fino
- 2 colheres (sopa) de azeite
- 1 colher (chá) de orégano
- Cúrcuma em pó (opcional)
- Sal (opcional e só para bebês acima de 1 ano)

Descasque a mandioca e rale. Tempere com azeite, orégano e mais o que quiser. Deixe descansar por pelo menos 1 hora.

Unte uma frigideira com azeite. Pegue pequenas porções da mandioca e abra em círculos na frigideira. Tampe e deixe cozinhar no fogo médio-baixo por 2 a 3 minutos, então destampe, deixe secar um pouco, vire, borrife um pouco de água e tampe novamente. Deixe cozinhar até que o rosti esteja bem macio, adicionando um pouco mais de água, se necessário.

Sirva em pedaços pequenos ao bebê e vá dando aos poucos, pois a mandioca pode se acumular na boca e provocar engasgo.

DICA

- Troque a mandioca por batata-doce ou mandioquinha.

GRÃOMELETE

Rende: *2 a 4 porções*

Fazemos esse grãomelete quase todas as noites em casa. Para variar um pouco, costumo brincar com os formatos e os recheios. Você também pode substituir a farinha de grão-de-bico por outras farinhas nutritivas, como de feijão ou lentilha. Veja como é fácil fazer na p. 196.

PARA A MASSA
4 colheres (sopa) de farinha de grão-de-bico
1 colher (sopa) de farinha de arroz branco
1 colher (sopa) de polvilho doce
½ xícara de leite vegetal em temperatura ambiente
2 colheres (sopa) de azeite
2 colheres (sopa) de água
1 colher (café) de cúrcuma
1 colher (café) de orégano
Sal (opcional e só para bebês acima de 1 ano)

OPÇÕES DE RECHEIO
Cenoura crua ralada grossa, espinafre cozido picadinho e sal (opcional e só para bebês acima de 1 ano)
Alho-poró bem picadinho, beterraba ralada e sal (opcional e só para bebês acima de 1 ano)
Abobrinha ralada, molho pesto e sal (opcional e só para bebês acima de 1 ano)

Peneire as farinhas e bata todos os ingredientes no liquidificador até formar uma massa lisa. Deixe descansar por 10 minutos.

Enquanto isso, prepare o recheio: corte ou rale os ingredientes e refogue rapidamente com azeite e gotinhas de limão. Incorpore o recheio à massa depois do descanso.

Unte uma frigideira pequena com tampa. Separe a massa em duas partes e despeje uma, mexendo a frigideira para formar um círculo uniforme. A massa não pode ficar muito alta: deve ter um pouco mais de 0,5 cm.

Tampe e mantenha em fogo médio-baixo por uns 5 minutos, destampe e deixe mais 1 ou 2 minutos, até firmar embaixo e soltar. Vire e doure do outro lado.

Se for usar tomate, coloque por cima antes de tampar.

CREME DE ESPINAFRE E MANDIOCA

Rende: 4 porções

- 1 xícara de mandioca cozida
- 2 xícaras de espinafre
- 1 colher (chá) de pasta de alho assado (p. 61)
- 1 colher (sopa) de manteiga ghee
- ⅓ a ½ xícara de leite vegetal
- Sal (opcional e só para bebês acima de 1 ano)

Cozinhe a mandioca até ficar bem macia. Bata ainda quente com a manteiga ghee, o leite e o sal.

Pique bem as folhas de espinafre e reserve o caule para outras preparações.

Coloque água para ferver e prepare uma bacia com água e gelo. Cozinhe o espinafre picado na água fervente por cerca de 2 minutos. Escorra e passe pela bacia com água gelada, depois aperte bem para tirar todo o líquido.

Aqueça uma panela com um fio de gordura, adicione a pasta de alho e o espinafre, mexa brevemente e incorpore o purê de mandioca. Se estiver muito firme, dê o ponto com mais leite; se estiver muito mole, mexa até firmar.

Acerte os temperos e sirva quente.

"RICOTA" DE TOFU

- 150 g de tofu firme orgânico
- 4 colheres (sopa) de azeite
- ½ a 1 colher (sopa) de sumo de limão
- 1 colher (chá) de pasta de alho assado (p. 61)
- Sal (opcional e só para bebês acima de 1 ano)

OPCIONAIS
- 1 punhado de ervas frescas
- ½ colher (sopa) de missô claro orgânico (só para bebês acima de 1 ano)
- 1 a 2 colheres (sopa) de levedura nutricional

Bata todos os ingredientes em um processador de alimentos até incorporar bem.

CUSCUZ DE MEXERICA

Esta é uma forma diferente de preparar o cuscuz, com acidez e uma leve doçura. Pode ser servido simples ou com ervas frescas e legumes picadinhos.

- ½ xícara de cuscuz em grãos seco
- ⅓ de xícara de água ou caldo de legumes
- 1 mexerica
- Sal (opcional e só para bebês acima de 1 ano)
- Pasta de alho assado (p. 61) (opcional)

Esprema o sumo da mexerica. Ferva o caldo de legumes ou a água, dilua a pasta de alho e misture com o sumo de mexerica.

Coloque o cuscuz em uma tigela e despeje o líquido quente sobre ele. Tampe e deixe descansar por 10 minutos. Finalize com temperos a gosto.

SUBSTITUIÇÕES
- Troque o caldo de legumes e o sumo de mexerica por "suco" de salsinha ou de cenoura.

PANQUECAS FININHAS

Essas panquecas servem tanto para receitas salgadas quanto para doces. Você pode fazer recheada de ricota ou até de brigadeiro para um lanchinho da tarde energético. Também vão bem no café da manhã, com requeijão e geleia, ou até mesmo puras.

PARA A PANQUECA DE ARROZ
- 6 colheres (sopa) de farinha de arroz branco
- 1 colher (sopa) de polvilho doce
- 2 colheres (sopa) de azeite
- 1 ½ xícara de leite vegetal em temperatura ambiente
- 1 colher (sopa) de levedura nutricional (opcional)
- Sal (opcional e só para bebês acima de 1 ano)

PARA A PANQUECA COLORIDA
- ½ xícara de "suco" de vegetais (cenoura, beterraba ou salsinha)
- 4 colheres (sopa) de farinha de grão-de-bico
- 2 colheres (sopa) de farinha de arroz branco
- 1 colher (sopa) de polvilho doce
- 2 colheres (sopa) de azeite
- ½ a 1 xícara de leite vegetal
- 1 colher (sopa) de levedura nutricional (opcional)
- Sal (opcional e só para bebês acima de 1 ano)

Peneire as farinhas e bata todos os ingredientes no liquidificador até formar uma massa lisa. Deixe descansar por 10 minutos.

Aqueça uma frigideira pequena e antiaderente untada com azeite no fogo bem baixo. Despeje um pouco da massa na frigideira. Ela deve correr facilmente e cobrir todo o fundo. Mexa a frigideira para formar um círculo uniforme e bem fininho.

A panqueca fica pronta bem rápido: quando começar a soltar embaixo, vire e deixe mais alguns segundos, até dourar.

DICA
- A quantidade de líquido vai depender da textura das farinhas e do polvilho. Adicione pouco a pouco até formar uma massinha bem leve.

PANQUECA PROTEICA DE QUINOA COM RICOTA E ERVILHA

Rende: *4 a 8 unidades*

Para fazer panquecas, você pode usar grão-de-bico, arroz ou quinoa e brincar com as cores utilizando os "sucos" vegetais (p. 70).

PARA A MASSA
- 3 colheres (sopa) de farinha de quinoa branca ou de grão-de-bico
- 3 colheres (sopa) de farinha de arroz branco
- 1 colher (sopa) de polvilho doce
- 2 colheres (sopa) de azeite
- ⅔ de xícara de leite vegetal
- ½ xícara de "suco" de espinafre ou água ou leite vegetal
- 1 colher (sopa) de levedura nutricional (opcional)
- Sal (opcional e só para bebês acima de 1 ano)

PARA O RECHEIO
- 2 porções de "ricota" de tofu (p. 171)
- ½ xícara de ervilha cozida

OPCIONAIS
- Molho branco de couve-flor (p. 146) ou molho vermelho de tubérculos (p. 108)

Peneire as farinhas e bata todos os ingredientes no liquidificador até formar uma massa lisa. Deixe descansar por 10 minutos.

Aqueça uma frigideira pequena e antiaderente untada com azeite no fogo bem baixo. Despeje um pouco da massa na frigideira. Ela deve correr facilmente e ocupar todo o fundo, formando um círculo uniforme bem fininho.

A massa fica pronta bem rápido: quando começar a soltar embaixo, vire e deixe mais alguns segundos para dourar.

Para o recheio, bata a ervilha e a ricota em um processador de alimentos até virar uma pasta, depois acerte os temperos.

Recheie as panquecas com a ricota e leve ao forno se preferir quente.

Você pode finalizar com molho branco de couve-flor ou molho vermelho de tubérculos.

CAFÉ DA MANHÃ E LANCHES

Para além das refeições principais, como almoço e jantar, preparei uma porção de receitinhas tão nutritivas quanto para podermos variar no café da manhã e lanche da família e não cair na mesmice. Vamos desde pãezinhos e biscoitos até mingaus, panquecas e cookies.

AMENDOIM

Se não fizer a pasta de amendoim em casa, não se esqueça de olhar o rótulo e se atentar aos ingredientes. Opte por marcas naturais, "sem sal" e "sem adição de açúcar".

Veja um pouco mais sobre o amendoim na parte de alergênicos escrita pela dra. Ana Ceregatti (p. 26).

6 a 9 meses:

Sirva a pasta de amendoim sozinha, para molhar os dedinhos, ou incorpore em receitas. Lembre-se de que é forte e a quantidade deve ser pequena. Uma dica é diluir em um pouco de água. Você também pode moer o amendoim e salpicar sobre preparações ou sobre frutas escorregadias, para ajudar o bebê a segurar.

9 a 12 meses:

Use a pasta de amendoim em alimentos macios e fáceis de comer, como frutas e mingaus, ou em molhos e panquecas.

12 a 24 meses:

Passe pasta de amendoim em pães e panquecas.

MIRTILO

Pode ser incorporado a mingaus e iogurtes. Utilize inteiros em preparações que tenham cozimento, como panquecas e bolinhos.

6 a 9 meses:
Sirva amassados, sobre alimentos que podem ser pegos com mais facilidade pelo bebê.

9 a 12 meses:
Amasse de leve ou corte em quatro.

12 a 24 meses:
Amasse ainda menos, de acordo com a evolução do bebê.

FRAMBOESA

6 a 9 meses:
Amasse as framboesas delicadamente com as costas da colher. Você também pode oferecer com outro alimento que o bebê consiga consumir com mais facilidade, como panqueca e mingau.

9 a 12 meses:
Corte as framboesas ao meio.

12 a 24 meses:
Ofereça inteiras.

PÃO

Temos que ficar atentos quando oferecemos o pão, porque ele fica úmido e pegajoso com a saliva.

6 a 9 meses:

A melhor opção são pedaços grandes com textura mais firme e crocante. Você pode também oferecer tiras de torradas na grossura de 1 ou 2 dedos. Evite os pães muito macios ou muito finos, pois podem grudar e formar um aglomerado na boca. O mais indicado é que os pães sejam oferecidos puros, sem nenhuma pasta ou manteiga que possa grudar na boca.

9 a 12 meses:

Diminua o tamanho do corte. É melhor oferecer aos poucos, para que o bebê não enfie muitos pedaços de uma vez só.

12 a 18 meses:

Já podemos introduzir uma maior variedade de pães e fatias inteiras para o bebê se divertir mordendo, rasgando e mastigando, conforme seu instinto. Se oferecer um sanduíche, o bebê provavelmente vai ficar curioso para descobrir o que tem dentro e comerá um ingrediente por vez.

18 a 24 meses:

Use e abuse da criatividade e capriche nos recheios de sanduíches: eles devem se familiarizar com diferentes texturas em uma única mordida. Fique atento nas primeiras vezes que oferecer, pois será um universo novo para o bebê, que pode precisar de ajuda.

OVERNIGHT OATS — AVEIA ADORMECIDA

Esta é uma forma prática e gostosa de começar o dia. Em vez de cozinhar a aveia em flocos para preparar o mingau, você vai deixá-la de molho em leite vegetal. Assim, o cereal absorve o líquido e amolece.

Você precisa deixar a aveia de molho por pelo menos 4 horas, idealmente à noite. Fica com uma consistência de mingau ou de um pudim bem firme e geladinho.

Na manhã seguinte, haverá um pote delicioso e nutritivo esperando por você para o café da manhã.

Aí vai um passo a passo e proporções sugeridas para que você crie sua própria versão.

1. AVEIA
Este é o ingrediente-base, e é fundamental que se use a aveia em flocos grossos. Se quiser, opções sem glúten são facilmente encontradas.

2. LÍQUIDOS
O leite vegetal pode ser à base de coco, aveia, castanhas, arroz... todos vão cair superbem nessa preparação. É ele que vai amolecer a aveia e trazer cremosidade. O iogurte vegetal é outra opção. Ele dá um sabor azedinho e deixa a textura final mais cremosa.

Utilize duas partes de líquidos para cada parte de aveia. Por exemplo, se for usar meia xícara de aveia, adicione 1 xícara de leite ou iogurte.

3. ADOÇANTE NATURAL
Para os pequenos que ainda não consomem outros tipos de adoçantes naturais, os purês de frutas (pera, banana, maçã) são a melhor opção. Bata sem adicionar água e incorpore no overnight. Para crianças maiores, você pode utilizar o caramelo de tâmaras que ensino na p. 226 ou açúcar de coco.

Para ½ xícara de aveia, coloque ½ xícara de purê de frutas ou 3 colheres de caramelo de tâmaras. O açúcar de coco é a gosto.

4. FRUTAS
Podem ser misturadas na aveia ou utilizadas na finalização. Algumas sugestões são: manga, morango, mirtilo, banana, mamão, pitaia.

5. SEMENTES DE CHIA
Coloque de ½ a 1 colher (sopa) para cada ½ xícara de aveia. A chia contribui com a textura e traz muitos nutrientes essenciais, como o ômega 3 (a dra. Ana falou bastante dele na p. 27). Também é indicada para a criançada que tem bastante fome, porque sacia. Use levemente moída para aproveitar melhor seus benefícios.

6. PASTAS DE OLEAGINOSAS
Podem ser misturadas no leite ou utilizadas na finalização.

7. ESPECIARIAS
Extrato de baunilha ou canela em pó conferem uma doçura natural e dão um perfume maravilhoso. Raspas de limão e cacau são ótimas alternativas também.

8. COBERTURAS
Frutas frescas, pastas de oleaginosas, especiarias, granola e raspas de coco dão o toque final.

OVERNIGHT MANGO LASSI

½ xícara de aveia em flocos grossos sem glúten
¼ de xícara de leite de coco
½ xícara de iogurte de coco (ou leite de coco)
½ xícara de manga
1 colher (chá) de água de rosas (opcional)
Cardamomo em pó (opcional)
2 colheres (sopa) de coco fresco ralado
1 colher (sopa) de chia
Amoras para finalizar

OVERNIGHT DE PITAIA

⅓ de xícara de aveia em flocos grossos sem glúten
¼ de xícara de banana madura
¼ de xícara de pitaia rosa
½ xícara de leite de aveia ou outro
1 punhado de mirtilos

OVERNIGHT DE TÂMARAS, CACAU E TAHINE

¼ de xícara de aveia em flocos grossos sem glúten
¼ de xícara de caramelo de tâmaras (p. 226)
½ colher (sopa) de tahine
1 colher (chá) de cacau em pó
1 colher (chá) de sementes de chia
½ xícara de leite vegetal
Castanhas para finalizar

AVISO: Esta receita inclui oleaginosas, que podem ser alergênicas.

OVERNIGHT DE BANANA E PASTA DE AMENDOIM

¼ de xícara de aveia em flocos grossos sem glúten
½ xícara de banana madura
1 colher (chá) de chia
1 colher (sopa) de pasta de amendoim
¼ de xícara de leite de coco
¼ de xícara de iogurte de coco ou leite vegetal
½ colher (café) de canela em pó

PARA FINALIZAR
Lâminas de banana
Amendoim torrado
1 colher (sopa) de chia
Amoras

DADINHOS DE ARROZ E COCO

Rende: *4 a 6 porções*

Esse dadinho fica maravilhoso com a geleia da Alice (p. 204) e pode ser uma alternativa prática para variar o café da manhã. Basta cozinhar o arroz integral que sobrou do almoço com leite de coco, adicionar uma pitada de canela e óleo de coco e deixar resfriar em um refratário.

- ½ xícara de arroz integral cozido
- ½ xícara de leite de coco
- ½ colher (sopa) de óleo de coco
- ⅓ de xícara de coco ralado sem açúcar
- Canela em pó

Em uma panela pequena, aqueça o leite de coco e a canela. Adicione o arroz e o coco ralado e cozinhe por uns 5 a 10 minutos, até que o arroz absorva todo o leite.

Quando o arroz estiver bem firme, tire do fogo e deixe esfriar por 5 minutos. Enquanto isso, unte uma travessa quadrada ou retangular pequena com óleo de coco.

Coloque o arroz na travessa untada e use as costas de uma colher untada para ajudar a nivelar.

Leve à geladeira para firmar. Corte em quadrados e passe no coco ralado, se desejar.

TAPIOCA DE COCO

Rende: *1 a 2 porções*

O coco fresco ralado deixa a tapioca mais nutritiva. Tanto recheios salgados, como ricota ou requeijão, quanto doces, como geleias e banana grelhada com canela, caem bem aqui.

> ¼ de xícara de farinha de tapioca
> ¼ de coco seco finamente ralado
> Sal (opcional e só para bebês acima de 1 ano)

Junte o coco e a farinha de tapioca e vá salpicando em uma frigideira antiaderente, depois amasse um pouco com as mãos para firmar.

Tampe a frigideira e deixe cozinhar em fogo médio-baixo por 1 a 2 minutos. Quando estiver firme, vire e doure do outro lado.

Sirva quente, pura ou com pastinhas e geleia.

Molho branco, cremes e requeijão

Bases cremosas (como molho branco, requeijão e creme de leite de quinoa) são aliadas fundamentais para uma alimentação nutritiva e sem conservantes. Sempre tenho pelo menos uma na geladeira e outras congelador. Elas servem com pastinha para pães, panquecas, waffles e chapati de aveia (p. 200), deixam uma simples macarronada muito mais gostosa e risotos, massas, sopas e purês mais cremosos.

PANQUECA MATINAL

Esta foi uma das primeiras preparações que fiz para o Chico, veio logo após o mingau. Lembro dele olhando, explorando e logo em seguida devorando. O Chico adorou segurar com as mãos algo que não fosse o alimento in natura. Quando sentiu o sabor docinho da banana, amou!

Faça panquequinhas para comer como "pipopa" ou uma maior e corte em pedaços pequenos!

- 2 bananas-ouro ou 1 nanica madura (aproximadamente ½ xícara)
- ⅓ de xícara de farinha de aveia sem glúten
- ¼ a ½ xícara de leite vegetal
- 1 colher (chá) de óleo de coco ou manteiga ghee
- Canela em pó
- Sal (opcional e só para bebês acima de 1 ano)

OPCIONAL
1 colher (chá) de sementes de chia

Bata todos os ingredientes até formar uma massa lisa, deixando mais líquida para fazer panquecas finas e mais firme para panquecas mais grossas.

Unte uma frigideira antiaderente com uma gordura boa. Despeje a massa, tampe e deixe em fogo baixo por 2 minutos. Destampe e deixe secar até a massa firmar um pouco e soltar. Vire e doure brevemente o outro lado. Se estiver crua dentro (caso seja grossa), tampe de novo para cozinhar por dentro.

PANQUECA DE FRUTAS VERMELHAS E PASTA DE AMENDOIM

Rende: *5 unidades pequenas*

Essa é uma panqueca mais elaborada e com mais ingredientes, então sugiro introduzir perto de 1 ano. Use outras geleias ou substitua pelo caramelo de tâmaras (p. 226).

- 3 colheres (sopa) de geleia de frutas vermelhas sem açúcar (p. 204) ou caramelo de tâmaras (p. 226)
- 2 colheres (sopa) de pasta de amendoim ou outra oleaginosa
- ½ xícara de mix de farinhas (p. 195)
- 1 colher (chá) de sementes de chia
- ½ xícara de leite vegetal
- 1 colher (sopa) de manteiga ghee, azeite ou óleo de abacate
- 1 colher (café) de fermento químico caseiro (p. 194)
- 1 colher (café) de vinagre de maçã
- Extrato de baunilha
- Sal (opcional e só para bebês acima de 1 ano)

Bata as sementes de chia até virar farinha. Hidrate com 1 colher (sopa) de água (vai dobrar de tamanho). Reserve.

Bata a geleia de frutas vermelhas e a pasta de amendoim com o leite vegetal até formar um creme liso. Adicione a chia, o extrato de baunilha, o sal (se for usar) e a gordura (se optar por manteiga ghee, derreta antes). Bata mais um pouco. Junte o mix de farinhas e bata até formar uma massa lisa. Por último, adicione o fermento e o vinagre de maçã.

Despeje um pouco de massa em uma frigideira antiaderente, tampe e deixe em fogo baixo por 3 minutos. Destampe e deixe dourar, depois vire, tampe novamente e cozinhe mais 2 minutos.

Sirva com frutas da estação, geleia ou molho de tahine.

AVISO: Esta receita inclui oleaginosas, que podem ser alergênicas.

"REQUEIJÃO" PROTEICO DE TOFU

Nesta receita, o polvilho traz uma textura viscosa depois de aquecido, mais semelhante à do requeijão. Use como base proteica para receitas como risotos, massas, sopas e purês. Ou como pastinha para passar em pães, panquecas e chapati de aveia (p. 200).

Rende: ¾ de xícara

- ½ xícara de tofu orgânico
- ¼ de xícara de leite vegetal
- 1 colher (sopa) de polvilho doce
- 2 colheres (sopa) de azeite ou manteiga ghee
- ½ colher (café) de pasta de alho assado (p. 61)
- 1 colher (chá) de sumo de limão
- 1 colher (chá) de missô claro orgânico (só para bebês acima de 1 ano)
- Sal (opcional e só para bebês acima de 1 ano)
- 1 colher (chá) de levedura nutricional (opcional)

Pique o tofu em pedaços pequenos. Aqueça o leite junto com o polvilho até começar a levantar fervura, então desligue. Bata todos os ingredientes com o leite quente até chegar a uma textura bem aveludada e lisa.

WAFFLES

Os waffles, tanto na versão doce (de maçã ou tâmara) quanto na salgada (à base de grão-de-bico, spirulina ou abóbora) são uma ótima forma de começar o dia ou de preparar uma lancheira saudável. Ficam ótimos congelados e podem ser levados em viagens.

Utensílio: *máquina de waffle*

waffle superproteico

½ colher (chá) de spirulina orgânica em pó (aproximadamente 3 tabletes)
½ xícara de massa de grão-de-bico (p. 121) ou 1 xícara de grão-de-bico cozido
½ xícara de mix de farinhas (p. 195)
½ colher (chá) de sementes de chia
2 colheres (sopa) de água
1 colher (sopa) de manteiga ghee, azeite ou óleo de abacate
3 colheres (sopa) de queijo parmesão ou "parmesão" vegano (p. 110)
½ xícara de leite vegetal
1 colher (café) de fermento químico caseiro (p. 194)
1 colher (café) de vinagre de maçã
Sal (opcional e só para bebês acima de 1 ano)

waffle de grão-de-bico

- ½ xícara de massa de grão-de-bico (p. 121) ou 1 xícara de grão-de-bico cozido
- ½ xícara de mix de farinhas (p. 195)
- ½ colher (chá) de sementes de chia
- 1 colher (sopa) de água
- 1 colher (sopa) de manteiga ghee, azeite ou óleo de abacate
- 3 colheres (sopa) de queijo parmesão
- ½ xícara de leite vegetal
- 1 colher (sopa) de tahine (opcional)
- 1 colher (café) de fermento químico caseiro (p. 194)
- 1 colher (café) de vinagre de maçã
- Sal (opcional e só para bebês acima de 1 ano)

AVISO: Esta receita inclui parmesão, que pode ser alergênico.

waffle de abóbora

- 1 xícara de abóbora japonesa assada em cubos grandes
- ½ xícara de mix de farinhas
- 1 colher (sopa) de polvilho doce
- ½ colher (chá) de sementes de chia
- 1 colher (sopa) de água
- ½ xícara de leite vegetal
- 1 colher (sopa) de manteiga ghee, azeite ou óleo de abacate
- 1 colher (café) de fermento químico caseiro (p. 194)
- 1 colher (café) de vinagre de maçã
- 1 pitada de canela em pó
- 1 pitada de gengibre em pó
- Sal (opcional e só para bebês acima de 1 ano)

waffle de maçã

- 2 maçãs pequenas sem casca raladas grosso
- 1 maçã sem casca em cubos
- ¾ de xícara de mix de farinhas
- ½ colher (chá) de sementes de chia
- 1 colher (sopa) de água
- 1 colher (sopa) de óleo de coco ou outra gordura de sua preferência
- 1 colher (café) de fermento químico caseiro (p. 194)
- 1 colher (café) de vinagre de maçã
- 1 pitada generosa de canela em pó
- Sal (opcional e só para bebês acima de 1 ano)

waffle de tâmaras

- ¾ de xícara de mix de farinhas
- ⅓ de xícara de caramelo de tâmaras (p. 226)
- 2 colheres (sopa) de leite vegetal
- ½ colher (chá) de sementes de chia
- 1 colher (sopa) de água
- 1 colher (sopa) de óleo de coco ou outra gordura de sua preferência
- 1 colher (café) de fermento químico caseiro (p. 194)
- 1 colher (café) de vinagre de maçã
- 1 pitada generosa de canela em pó
- Sal (opcional e só para bebês acima de 1 ano)

Bata as sementes de chia até virar farinha. Hidrate com a colher (sopa) de água (o volume vai dobrar) e reserve. Para a superproteica, misture a spirulina e a segunda colher (sopa) de água.

Faça a base do waffle, misturando com o leite vegetal:
• A massa de grão-de-bico OU
• As abóboras assadas em purê OU
• As maçãs batidas em purê OU
• O caramelo de tâmaras.

É importante que essa base esteja morna para facilitar na hora de incorporar.

Em seguida, adicione a chia hidratada (com spirulina se for o caso), e depois a gordura (se a gordura for manteiga ghee ou óleo de coco firme, derreta antes), sal (se for usar), especiarias e temperos.

Coloque as farinhas e bata mais um pouco, até ficar uma massa lisa. Por último, adicione o fermento e o vinagre de maçã e mexa com uma colher.

Unte a máquina de waffle com uma gordura boa, utilizando um pincel, para não correr o risco de grudar. Preaqueça a máquina 5 minutos antes, na temperatura mais alta.

Coloque um pouco da massa no centro.

DICA

• Se não tiver a massa de grão-de-bico (p. 121) pronta e optar por começar com grãos, hidrate, cozinhe e bata os grãos ainda quentes para conseguir chegar a uma textura lisa.

Se sua máquina for grande, você pode colocar apenas um pouco bem no centro dela para fazer miniwaffles.

"REQUEIJÃO" DE CASTANHA

Rende: ¾ de xícara

- ½ xícara de castanha-de-caju crua e sem sal demolhada
- ½ xícara de inhame cozido
- ½ xícara de leite vegetal
- 2 colheres (sopa) de azeite ou manteiga ghee
- ½ colher (café) de pasta de alho assado (p. 61)
- 1 colher (chá) de sumo de limão
- 1 colher (chá) de missô claro orgânico (só para bebês acima de 1 ano)
- Sal (opcional e só para bebês acima de 1 ano)
- 1 colher (chá) de levedura nutricional (opcional)

Descarte a água da castanha demolhada. Se não tiver deixado de molho, cozinhe ⅓ de xícara de castanha-de-caju em água fervente por 20 minutos, até ficar bem macia, depois descarte a água.

Junte metade da castanha com o leite vegetal e o azeite e bata até virar um creme liso e bem aveludado. Coloque mais um pouco das castanhas e bata lentamente até chegar a uma textura brilhante, então adicione os demais ingredientes: inhame cozido picadinho, pasta de alho, sumo de limão, missô, sal e levedura nutricional (se quiser). Bata até incorporar bem e acerte os temperos.

AVISO: Esta receita inclui oleaginosas, que podem ser alergênicas.

PÃO DE MANDIOCA

Rende: *6 a 8 unidades*
Utensílios: *mini forminhas para muffins*

Esse pão pode ser feito com a mandioca ralada do rosti. É ideal para um café da manhã nutritivo que vai dar aos pequenos a energia de que precisam.

- 1 xícara de rosti de mandioca (p. 169) ou mandioca ralada fino
- ½ xícara de mix de farinhas (p. 195)
- ½ xícara de farinha de aveia sem glúten
- 2 colheres (sopa) de azeite
- 1 colher (chá) de orégano seco
- ¼ de xícara de água
- 2 colheres (sopa) de leite vegetal (ou água)
- ½ colher (sopa) de sementes de chia
- 1 colher (chá) de vinagre
- ½ colher (café) de sal (opcional e só para bebês acima de 1 ano)
- Pré-fermentação (p. 194)

Preaqueça o forno a 180°C. Caso a mandioca esteja gelada, deixe chegar à temperatura ambiente. Unte as forminhas com manteiga ghee e farinha. Faça a pré-fermentação.

Bata a chia até formar uma farinha fina e hidrate na água. Junte o azeite, a mandioca, o leite vegetal, o orégano, o sal (se for usar) e, aos poucos, o mix de farinhas peneirado. Por último, adicione o fermento e o vinagre.

Distribua a massa nas forminhas, mantendo ⅓ da altura livre. Deixe descansar em cima do forno ou um local morno por 10 a 15 minutos, para iniciar a fermentação.

Asse por 25 a 30 minutos. Deixe esfriar um pouco e desinforme ainda morno.

FERMENTO QUÍMICO CASEIRO

A maioria das marcas de fermento químico encontradas hoje no mercado contém em sua composição alumínio, que traz malefícios à nossa saúde. Fazer o fermento em casa é mais saudável, fácil e rápido, e fica mais barato do que comprar pronto!

Caso você prefira a praticidade de comprar pronto, existem marcas de fermentos sem alumínio no mercado: fique atento à composição.

100 g de cremor tártaro
50 g de bicarbonato de sódio
50 g de fécula de batata

Misture bem todos os ingredientes e armazene em um pote fechado hermeticamente. Use na mesma proporção que o fermento químico industrializado.

PRÉ-FERMENTAÇÃO

Usaremos essa pré-fermentação para preparar nossos pães, massas e bolos. Nela colocamos um pouco de fermento biológico, açúcar orgânico não refinado e água morna. O papel do açúcar é acelerar a fermentação: as bactérias vão se alimentar do açúcar e com isso se multiplicar; o açúcar dará lugar a mais bactérias e não estará presente no produto final. A quantidade usada é muito pequena, mas você pode consultar um profissional de saúde antes para se sentir mais confortável.

2 colheres (chá) de fermento biológico
2 colheres (chá) de açúcar demerara orgânico
¼ de xícara de água morna

Dissolva o açúcar na água morna. Ela deve estar a uma temperatura agradável para colocar o dedo: se estiver quente demais, vai matar o fermento. Adicione o fermento biológico. Deixe descansar até formar uma espuma, o que deve levar cerca de 5 minutos. Use em receitas de massas e pães.

É importante notar que as receitas com fermentação natural deste livro foram testadas apenas com a pré-fermentação, portanto não é recomendado utilizar o fermento caseiro ou químico.

MIX DE FARINHAS

Rende: *2 xícaras*

Esse mix de farinhas será a base de todas as receitas tradicionalmente feitas com farinha de trigo. Tenha sempre esse mix pronto na despensa, para quando der vontade de preparar uma receita.

- 1 ½ xícara de farinha de arroz
- ¾ de xícara de fécula de batata
- ½ xícara de polvilho doce
- 1 colher (sopa) de goma xantana

Misture todos os ingredientes, peneire e guarde em um pote de vidro fechado.

DICA

- Você pode substituir esse mix em qualquer uma das receitas pela farinha de trigo branca.

FARINHAS NUTRITIVAS

Grão-de-bico, lentilha, trigo-sarraceno, amêndoa, arroz, quinoa, sementes e castanhas... Tudo, até os grãos mais duros, pode virar farinha com um pouco de paciência. Além de ser mais fácil achar o alimento íntegro, seu bolso vai agradecer.

De castanhas ou sementes

Preaqueça o forno a 170°C. Distribua as castanhas ou sementes em uma assadeira grande e leve ao forno por cerca de 10 minutos, para que fiquem crocantes, mexendo-as pelo menos uma vez nesse meio-tempo. Deixe esfriar e divida em porções pequenas.

Passe uma porção por vez no liquidificador ou processador de alimentos para triturar e formar uma farinha bem fina. Fique atento, pois se bater demais a farinha pode ficar oleosa. Guarde em um pote de vidro, feche bem e mantenha na geladeira.

De grãos

Grãos são mais duros, portanto demandam uma etapa a mais.

Trabalhando em levas, bata os grãos no liquidificador, mexa e bata mais um pouco. Peneire e repita o processo mais uma ou duas vezes se necessário. É importante que a farinha fique bem fininha e solta.

Caso seu liquidificador seja muito fraco, sugiro fazer farinha apenas de lentilhas ou quinoa, e comprar as de grãos mais duros prontas. Não tente fazer farinha no processador: as lâminas ficam distantes demais uma da outra.

PÃOZINHO DE "QUEIJO" DE TUBÉRCULOS

Rende: *8 unidades*

Sabe aquele dia que o lanchinho vai ter que ser no carro? Nada como ter um pãozinho de tubérculos (que não faz sujeira) quentinho esperando a criançada entrar no carro. Recomendo sempre ter no congelador, para garantir.

- ½ xícara de purê de tubérculos (mandioquinha, batata-doce, abóbora, inhame com ora-pro-nóbis)
- ⅔ de xícara de polvilho azedo e mais para dar o ponto, se necessário
- 2 colheres (sopa) de quinoa cozida (opcional)
- 1 colher (chá) de sementes de chia
- 2 a 3 colheres (sopa) de azeite
- 1 colher (chá) de fermento químico caseiro (p. 194)
- Sal (opcional e só para bebês acima de 1 ano)

OPCIONAIS
- 1 pitada de cúrcuma
- 1 pitada de orégano
- 1 punhado de sementes

Preaqueça o forno a 180ºC.

Misture todos os ingredientes. A massa não pode grudar na mão nem rachar. Se grudar, acerte o polvilho; se rachar, adicione mais um pouco de água. A consistência deve ser de massinha de modelar.

Experimente e veja se o gosto está de seu agrado. Se necessário, acerte sal e temperos.

Faça bolotas e achate, formando uma bisnaguinha. Leve ao forno por 20 a 30 minutos, dependendo do forno e do tamanho, até dourar, virando na metade do tempo.

BISCOITINHO SALGADO DE GRÃO-DE-BICO

Rende: *15 unidades*
Utensílios: *15 forminhas de silicone para minibiscoitos ou 1 tapete de silicone ou papel dover*

Esse biscoitinho é daqueles que é difícil comer apenas um. Faça bem pequeno, para desmanchar na boca.

- ¼ de xícara + 1 colher (sopa) de farinha de grão-de-bico peneirada
- ¼ de xícara de mix de farinhas (p. 195)
- 2 colheres (sopa) de manteiga ghee
- 1 colher (sopa) de levedura nutricional
- 2 colheres (sopa) de parmesão
- Sal (opcional e só para bebês acima de 1 ano)

Preaqueça o forno a 160°C.
Bata todos os ingredientes em um processador de alimentos. Coloque em forminhas de silicone ou faça bolinhas pequenas. Asse por cerca de 20 minutos.

AVISO: Esta receita inclui parmesão, que pode ser alergênico.

CHAPATI DE AVEIA

Rende: 10 a 12 unidades pequenas

É difícil comer apenas um desse pão chato deliciosamente crocante! Com poucos ingredientes e muito sabor, esta é uma das minhas receitas preferidas!

½ xícara de farinha de aveia (ou aveia em grãos ou flocos batida no liquidificador e peneirada) sem glúten
½ xícara de leite vegetal
¼ de xícara de água morna
2 colheres (sopa) de azeite
1 colher (chá) de fermento químico caseiro (p. 194)
Sal (opcional e só para bebês acima de 1 ano)
Temperos a gosto (opcional)

Bata a farinha, o leite vegetal, a água morna, o sal (se for usar) e os temperos no liquidificador, até formar uma massa lisa. Junte o fermento e deixe descansar.

Despeje um pouco da massa na frigideira antiaderente untada com azeite, sacudindo com a mão para que fique bem fininha, e cubra o fundo. Deixe em fogo médio-alto até soltar e dourar bem, depois vire.

Para que fique crocante, sirva imediatamente ou dê uma aquecida em uma assadeira perfurada.

DICA

- Para agilizar o processo, gosto de usar mais de uma frigideira, uma pequena e uma grandona. Quando o chapati desgrudar do fundo da pequena e for hora de virar, passo para a frigideira grande para dourar o outro lado e já preparo outro na pequena.

BISCOITOS PARA OS DENTINHOS

Rende: *20 unidades*
Utensílios: *tapete de silicone e assadeira perfurada*

Ideal para a fase dos dentinhos nascendo, esse biscoito traz diversão e alívio para os pequenos!

- ¼ de xícara de amaranto em flocos
- ¼ de xícara de farinha de arroz, grão-de-bico ou trigo-sarraceno
- 2 colheres (sopa) de manteiga ghee
- 2 colheres (sopa) de leite vegetal
- 2 colheres (sopa) de água morna
- Sal (opcional e só para bebês acima de 1 ano)
- Ervas e especiarias (opcionais)

Preaqueça o forno a 160°C.

Misture as farinhas e a manteiga até virar uma maçaroca com pedaços. Coloque os temperos e uma pitada de sal, se desejar.

Adicione o leite aos poucos, até virar uma massa fácil de modelar.

Abra a massa bem fininha e corte no formato desejado. Coloque os biscoitos sobre um tapete culinário e asse por aproximadamente 15 minutos, depois transfira para a assadeira perfurada e asse por mais 5 a 8 minutos, até dourar.

Deixe esfriar em uma grade ou superfície lisa para manter crocante.

CRACKER DE AMARANTO E FRUTAS VERMELHAS

Rende: *30 unidades*
Utensílios: *forma perfurada, saco de congelar, rolo de massa e forminhas para cortar*

- ¼ de xícara de geleia de frutas vermelhas (ver p. 204)
- ¼ de xícara de amaranto em flocos
- ¼ de xícara de farinha de amêndoa
- 2 colheres (sopa) de pasta de amendoim ou outra oleaginosa
- ½ colher (chá) de baunilha (opcional)

Preaqueça o forno a 160°C.

Misture todos os ingredientes até formar uma massa firme. Abra conforme a dica ao lado. Corte no formato desejado e leve para assar por cerca de 16 minutos, virando na metade do tempo. Deixe esfriar em uma travessa fria para ficar crocante.

DICA

- Faça seu próprio cortador com um pedaço de papelão para biscoitos mais divertidos.

AVISO: Esta receita inclui oleaginosas, que podem ser alergênicas.

Como abrir a massa

- 1 rolo de massa ou garrafa grande
- 1 assadeira grande
- Cortadores de metal (opcional)
- 2 sacos de congelar, um tapete culinário cortado em dois, ou papel dover

Coloque a massa entre um saco de congelar e outro (ou papel dover ou tapete culinário) e abra bem fininho, o máximo que conseguir sem quebrar. Corte no formato desejado e asse.

ENERGY BALLS DE MIRTILO E COCO

Essas bolinhas energéticas são perfeitas para comer antes do esporte e compor a lancheira dos pequenos.

- ⅓ de xícara de mirtilos frescos
- 3 colheres (sopa) de aveia em flocos sem glúten
- 3 colheres (sopa) de farinha de amêndoa
- 2 colheres (sopa) de geleia sem açúcar ou mais mirtilos frescos
- 1 colher (sopa) de óleo de coco
- ¼ de xícara de coco ralado (e mais para a cobertura)
- Sal (opcional e só para bebês acima de 1 ano)

Doure a farinha de amêndoa em uma frigideira em fogo bem baixo, até começar a soltar o aroma. Deixe esfriar.

Bata todos os ingredientes em um processador, até formar uma massa. Leve à geladeira por 30 minutos. Faça bolinhas e finalize com coco ralado.

AVISO: Esta receita inclui oleaginosas, que podem ser alergênicas.

BISCOITO DE AVEIA, BANANA E CANELA

Perfeito para um lanchinho saudável e superprático para levar em passeios e viagens!

>1 xícara de banana bem madura em pedaços (3 bananas pequenas)
>2 colheres (sopa) de óleo de coco ou manteiga ghee
>1 ¼ xícara de farinha de aveia sem glúten
>½ colher (chá) de canela em pó
>1 colher (chá) de fermento químico caseiro (p. 194)
>1 colher (café) de vinagre de maçã (opcional para deixar macia)
>Sal (opcional e só para bebês acima de 1 ano)

Em um processador de alimentos, bata a banana com a gordura derretida até virar um creme. Adicione a farinha, uma pitada de sal (se for usar) e a canela, e bata até obter uma massa macia. Por último, adicione o fermento e o vinagre e misture. Deixe na geladeira por 30 minutos para firmar.

Preaqueça o forno a 160°C.

Faça 20 bolinhas com a massa e amasse com um garfo, ou faça 20 biscoitos com o cortador. Esse é um bom momento para chamar a criançada para participar.

Coloque em uma assadeira forrada com tapete culinário ou papel dover e asse por cerca de 30 minutos.

Deixe esfriar completamente e guarde em um recipiente hermético por até 5 dias.

GELEIA DA ALICE

Rende: ½ xícara

Essa geleia é inspirada na Alice, filhota da Dani e do Fábio, uma minichef muito especial! A receita tem um ingrediente especial: a chia, que reduz o índice glicêmico, sacia e é fonte de ômega 3, que é superimportante para os pequenos!

Fica boa com panquecas, waffles, iogurte natural, biscoitos, no mingau, no pão, como recheio de bolo, e é uma delícia de comer de colher!

>2 xícaras de frutas vermelhas (congeladas ou frescas)
>1 colher (sopa) de sementes de chia
>1 xícara de suco de laranja-lima
>Pitada de sal (opcional e só para bebês acima de 1 ano)
>½ colher (chá) de extrato de baunilha (opcional)

Cozinhe as frutas vermelhas, o suco de laranja e o extrato de baunilha em uma frigideira grande, por 15 a 20 minutos.

Você pode deixar a geleia mais pedaçuda ou ir desmanchando as frutas com a ajuda de uma colher de pau. Cozinhe até misturar bem e ficar firme, reduzindo a pelo menos ½ xícara.

Retire do fogo e adicione as sementes de chia. Deixe descansar até esfriar e engrossar. Adicione mais sementes caso fique muito líquido.

DICA

- A Alice gosta de adoçar com melado de cana, mas usei o suco de laranja-lima aqui para tornar apropriada ao consumo de bebês. Outras opções são açúcar de coco para adultos ou crianças maiores e purê de frutas, como de maçã, para bebês.

BISCOITO COM GELEIA

Rende: *10 a 12 unidades pequenas*

1 porção de biscoito de aveia e canela em pó
Geleia da Alice ou outra de sua preferência (p. 204)

Quando modelar as 20 bolinhas, coloque sobre o tapete culinário e aperte com a ponta do dedo para formar um furinho, onde a geleia será colocada depois que o biscoito esfriar.

Asse por cerca de 30 minutos, deixe esfriar completamente e coloque a geleia no furinho. Guarde em um recipiente hermético na geladeira por até 1 semana. Esquente um pouco antes de servir.

BARRINHAS NUTRITIVAS

¼ de xícara de aveia sem glúten
¼ de xícara de castanha-de-caju crua
⅓ de xícara de caramelo de tâmara (p. 226) ou tâmaras sem caroço hidratadas por 40 minutos
1 colher (sopa) de pasta de amêndoa ou castanhas ou tahine
1 colher (chá) de sementes de chia
1 colher (chá) de gergelim
Raspas de limão (opcional)
1 colher (café) de extrato de baunilha (opcional)
1 pitada de canela em pó (opcional)

Bata as amêndoas em um processador de alimentos até ficar em pedaços menores. Adicione os outros ingredientes e bata até formar uma massa.
Abra a massa sobre uma superfície lisa e modele as barrinhas com as mãos.
Asse por 20 a 30 minutos.

DICA

• Coloque gotinhas de chocolate, uvas-passas (só para bebês acima de 1 ano) ou sementes para uma textura e um sabor diferentes.

AVISO: Esta receita inclui oleaginosas, que podem ser alergênicas.

"TODDYNHO"

Delicioso e perfeito para dar energia para a criançada, esse "toddynho" pode ser feito com qualquer um dos leites vegetais que você aprendeu aqui!

1 xícara de leite de coco ou outro de sua preferência
2 a 3 colheres (sopa) de caramelo de tâmaras (p. 226)
1 a 2 colheres (chá) de cacau em pó

Bata todos os ingredientes até virar um leite cremoso.

DICA

• Você pode substituir o caramelo de tâmaras por açúcar de coco, melado, ou outro adoçante de sua preferência, dependendo da idade da criança.

FRUTAS

Banana, mirtilo, cereja, maçã, caqui, lichia, manga, framboesa, figo, mamão, amora, pera, coco, laranja, melancia, uva, pitaia, mexerica, kiwi, romã, melão, carambola, ameixa, maracujá, limão, tamarindo, abacate, pêssego… agora é hora de abrir os horizontes de toda a família!

MAMÃO

6 a 12 meses:

Ofereça tiras grandes de mamão. Se escorregar muito, "empane" com farinha de gergelim, aveia ou coco.

12 a 24 meses:

Sirva pedaços pequenos para comer com as mãos ou com o garfo.

BANANA

6 a 9 meses:

Ofereça metade, deixando um pouco da casca para o bebê segurar. Incorpore em preparações como mingau, bolinhos e panquecas.

9 a 12 meses:

Tiras são uma ótima opção nessa idade. Fatias servem para praticar a pinça.

12 a 18 meses:

Ofereça pedaços pequenos.

18 a 24 meses:

Ofereça a banana inteira e aproveite para ensinar a descascá-la.

MEXERICA

As variedades que fazem mais sucesso aqui em casa são a ponkan, que tem gomos maiores e é superfácil de descascar, e a carioquinha, que é menor e tem um cheiro maravilhoso, porém é um pouco mais ácida.

6 a 9 meses:

Lave muito bem a casca e ofereça metade da mexerica para o bebê se familiarizar com a textura e o sabor. Mas fique atento: a casca é ácida, por isso não deixe com o seu bebê por muito tempo. Você pode oferecer outras frutas junto ou esperar para apresentar a mexerica.

9 a 18 meses:

Descasque e ofereça os gomos inteiros ou cortados em pedaços pequenos, sem pele e sem caroço. É possível também servir com iogurte e treinar o uso da colher.

18 a 24 meses:

Você pode oferecer gomos cortados com a pele, mas ainda sem caroço. Depois, gomos inteiros com a pele. Ensine a criança a morder e mastigar e se mantenha por perto.

mais de 24 meses:

Ensine a criança a descascar a mexerica, o que é ótimo para desenvolver habilidades motoras.

MAÇÃ

6 a 9 meses:

Descasque, corte ao meio e cozinhe ou asse até que fique bem macia. Ofereça raladinha, em forma de purê ou em preparações como bolinhos, mingaus e panquecas.

9 a 12 meses:

Ofereça lâminas finas ou cubinhos cozidos.

24 meses:

Se achar que a criança está pronta, ofereça maçãs inteiras, tomando o cuidado de retirar o caroço e de remover as sementes.

KIWI

6 a 9 meses:

Descasque e ofereça cortado ao meio ou em quatro.

9 a 12 meses:

Sirva em pedaços pequenos.

12 a 24 meses:

Ofereça pedaços pequenos espetados no garfo.

UVA

Os engasgos com uva são dos mais comuns, uma vez que elas são redondas e escorregadias. Para minimizar os riscos, corte-as sempre no sentido do comprimento e descarte as sementes antes de oferecer.

9 a 12 meses:
Espere até que o bebê desenvolva o movimento de pinça e possa pegar sozinho as uvas cortadas em 8, sem sementes.

12 a 18 meses:
Corte em quatro e remova as sementes maiores.

18 a 24 meses:
Você pode oferecer uvas cortadas ao meio (longitudinalmente é melhor), mas ainda há risco de engasgo.

mais de 24 meses:
Se ainda não ofereceu uvas cortadas ao meio longitudinalmente, faça isso antes de progredir. Se já ofereceu, considere servir uvas inteiras em um ambiente seguro e supervisionado. Com a criança sentada e tranquila, explique e demonstre como morder, rasgar a casca e mastigar a uva inteira antes de oferecer.

DICA
- Para minimizar a exposição a pesticidas, compre uvas orgânicas quando possível.

ABACATE

6 a 9 meses:

Os pedaços devem ser grandes e grossos. O ideal é deixar bastante casca para o bebê não conseguir engolir e para ajudá-lo a segurar sem que a fruta amasse ou escorregue. Para oferecer sem casca, uma boa opção é "empanar" uma parte com algum alimento seco que dê mais aderência e ao mesmo tempo traga nutrientes, como farinha de aveia ou de nozes, quinoa em flocos ou coco ralado.

9 a 12 meses:

Corte em cubos e ofereça puro ou "empanado".

12 a 24 meses:

Nesta idade, as crianças em geral dominam o uso dos talheres, então servir metade como se fosse um barquinho para comer com a colher pode ser divertido.

MANGA

6 a 9 meses:

Uma boa forma de o bebê se familiarizar com a manga é explorando o caroço sem muita polpa. É uma maneira de desenvolver as habilidades motoras e aprender mais sobre os limites da boca. Se o caroço escorregar, "empane". Você pode também cortar a manga em palitos e "empanar" ou não.

9 a 24 meses:

Ofereça cubos pequenos, para o bebê desenvolver a pinça ou o uso do garfo.

BANANA CONGELADA

Sabe aquela banana que logo vai passar do ponto? Congele! A banana madura congelada serve como base para cremes refrescantes, sorvetes e milk-shakes, caindo como uma luva nos dias de sol! Só não recomendo fazer isso com a banana-da-terra, que quando está supermadura é melhor transformar em bolo.

Corte as bananas em rodelas não muito finas. Você pode adicionar gotinhas de sumo de limão para que não fiquem escuras. Coloque em um pote de vidro e leve para congelar por pelo menos 4 horas.

Quando bem armazenadas, elas duram até 6 meses no congelador. Se desejar, para economizar espaço, você pode congelar as bananas batidas em forminhas de gelo.

Seguem três cremes que costumam fazer sucesso com os pequenos para o café da manhã ou lanche da tarde.

CREME DE BANANA E MORANGO

½ xícara de morango
1 ½ xícara de banana madura cortada em cubinhos e congelada
¼ de xícara de leite vegetal ou iogurte de coco
Mirtilos (opcional)

Tire a banana do freezer 5 minutos antes. Bata o morango e o leite vegetal ou iogurte até formar um creme liso. Adicione a banana e bata mais. Coma gelado.

CREME REFRESCANTE DE ABACATE COM BANANA

½ xícara de abacate
1 xícara de banana madura cortada em cubinhos e congelada
Leite vegetal ou iogurte de coco
Farinha de aveia sem glúten (opcional)

Tire a banana 5 minutos antes. Bata o abacate até formar um creme, adicione a banana em cubinhos e bata mais um pouco. Vá colocando leite vegetal ou iogurte pouco a pouco, se necessário, até virar um creme liso. Se quiser, finalize com farinha de aveia.

CREME DE MAÇÃ, BANANA E CANELA

1 xícara de banana madura cortada em cubinhos e congelada
1 maçã pequena cortada em cubos
Canela em pó
Granola saudável

Tire a banana 5 minutos antes. Bata a maçã até virar um purê. Adicione as bananas picadas e a pitada de canela e bata até formar um creme liso.
    Sirva com granola.

MANGA COM LIMÃO E COCO

atenção: o coco tem potencial alergênico

1 pedaço de manga madura
1 colher (chá) de sumo de limão
Coco ralado sem açúcar

Descasque e corte a manga ao meio, no sentido do comprimento.

Corte a manga em palitos que tenham aproximadamente a largura de 2 dedos e altura de 1 dedo. Enquanto faz isso, deixe o bebê brincar com o caroço de manga, mantendo um olho nele.

Coloque o sumo de limão e passe a manga nos flocos de coco.

BANANA GRELHADA COM CANELA E ÓLEO DE COCO

1 banana-nanica
Óleo de coco
Canela em pó

Corte as bananas em rodelas de 1 cm. Unte uma frigideira pequena com óleo de coco e grelhe em fogo baixo dos dois lados, até dourar. Finalize com canela

LÂMINAS DE PAPAIA COM QUINOA

No início da introdução, é comum que os pequenos tenham dificuldade para segurar as frutas. Untá-las com farinhas nutritivas ou flocos é uma ótima alternativa para ajudar nesse sentido e ainda agregar nutrientes.

- ½ mamão papaia maduro
- 1 limão
- 2 colheres (sopa) de quinoa em flocos

Lave e seque o mamão, depois corte em pedaços do tamanho de um dedo indicador, com 2 dedos de largura, ou qualquer corte seguro para a idade do seu bebê. Tempere com limão e passe na quinoa em flocos.

MELANCIA COM FARINHA DE AMÊNDOA

- 1 fatia de melancia
- Farinha de amêndoa

Lave a fatia de melancia, remova as sementes pretas, corte a casca e a parte branca. Se o bebê estiver no início da introdução alimentar ou com os dentinhos aparecendo, salve um pouco da casca para ele ficar mordendo.

Corte a polpa em pedaços retangulares do tamanho de um baralho ou do tamanho de dois dedos.

Passe na farinha de amêndoa ou da oleaginosa de sua preferência.

AVISO: Esta receita inclui oleaginosas, que podem ser alergênicas.

FRUTA COZIDA COM ESPECIARIAS

As frutas cozidas têm digestão mais fácil, por isso são uma ótima alternativa na introdução alimentar. Use as frutas da estação e não deixe as especiarias de fora!

- 1 pera williams (ou maçã, ameixa, pêssego…)
- 2 xícaras de água
- 1 colher (chá) de sumo de limão
- 1 canela em pau
- canela em pó, cardamomo, gengibre fresco, anis-estrelado ou cúrcuma (opcionais)

Lave e seque a fruta. Corte ao meio no sentido do comprimento e descarte caroços e caules.

Coloque a água e a canela para ferver. Adicione a fruta e o sumo de limão, então baixe o fogo, tampe e cozinhe por 15 a 25 minutos, até a fruta ficar macia. Destampe e deixe o líquido reduzir, formando uma calda.

Transfira para um prato. No caso da pera, você pode tirar a casca se desejar. Regue com o caldo e deixe esfriar. Salpique canela em pó, se quiser.

PUDIM DE CHIA COM BANANA

A banana é uma ótima alternativa para deixar o pudim de chia mais docinho e atrativo para a criançada. Prepare na noite anterior para ter um café da manhã gostoso e nutritivo pronto quando acordar.

1 banana madura média ou 2 pequenas
⅓ de xícara de leite de coco ou outro leite vegetal
2 colheres (sopa) de sementes de chia
1 pitada de canela em pó (opcional)
Fatias de banana para finalizar

Descasque e amasse a banana, depois transfira para um pote de vidro que tenha tampa.

Adicione o leite de coco em temperatura ambiente, as sementes de chia e a canela (se for usar). Feche o pote e agite bastante para misturar bem. Deixe fora da geladeira por 30 minutos, mexendo de tempos em tempos para incorporar.

Coloque o frasco na geladeira até que as sementes estejam bem hidratadas, o que leva em média 8 horas.

Finalize com fatias de banana, se desejar.

DICA

- Você pode reaproveitar os potes de vidro de 500 ml de produtos comprados no mercado e já consumidos.

SORVETE

Tem coisa mais gostosa do que um belo sorvete? Melhor ainda se for preparado com ingredientes naturais. Sorvete é uma ótima alternativa para o lanche e uma forma divertida de introduzir frutas no dia a dia da criançada. E ainda é um grande aliado quando os dentinhos estão nascendo, aliviando dores e incômodos!

Para chegar a uma textura mais cremosa, a banana é fundamental, mas você pode dar asas à imaginação aqui.

- 1 ½ xícara de banana bem madura
- ½ xícara de frutas da estação
- ½ xícara de iogurte de coco ou outro

Bata todos os ingredientes até virar um creme, coloque em forminhas de sorvete e leve ao congelador por pelo menos 6 horas.

Deixe amolecer em temperatura ambiente por 5 minutos antes de oferecer.

SALADA DE FRUTAS

Rende: *6 porções*

Esta receita apresenta uma sugestão de frutas, mas você pode prepará-la com o que tiver em casa. O que não pode faltar é o suco de laranja-lima, que dá um toque especial!

- ⅓ de xícara de manga em cubos pequenos
- ⅓ de xícara de mexerica em pedaços pequenos sem a pele
- ⅓ de xícara de pera ou maçã em cubos pequenos
- ⅓ de xícara de kiwi cortado em rodelas e depois em quatro
- ⅓ de xícara de morango cortado em quatro ou mais
- 1 punhado de uvas sem semente cortadas de comprido em quatro
- 1 xícara ou mais de suco de laranja-lima
- 1 colher (chá) de sementes de chia

Lave e pique as frutas, depois coloque em um pote grande que tenha tampa. Adicione o suco de laranja-lima até cobrir as frutas e a chia. Deixe na geladeira por pelo menos 1 hora.

Sirva gelada. Pode ser mantida por até 3 dias na geladeira.

DICA
- Separe em pequenas porções e coloque em potinhos de vidro com tampa.

SALADA DE FRUTAS NO FORNO COM IOGURTE DE COCO E RASPAS DE LIMÃO

Rende: *6 porções*

Nos dias mais frios, fruta assada cai bem como um carinho. Essa salada fica perfeita quentinha, mas também dá para comer fria. Finalize com raspinhas de limão e aproveite!

- 1 banana-prata
- 1 maçã
- 1 pera
- ½ manga pequena
- ½ xícara de morango
- 1 colher (chá) de canela em pó
- Farinha nutritiva (opcional) (p. 196)

PARA FINALIZAR
- Iogurte de coco
- Raspas de limão-siciliano

Preaqueça o forno a 180°C.

Corte todas as frutas em pedaços pequenos e misture em um refratário. Elas devem ficar bem juntinhas. Polvilhe a canela e cubra com papel-alumínio para que o vapor não escape.

Asse por cerca de 30 minutos, tire o papel-alumínio, polvilhe uma farofinha nutritiva (se quiser) e volte ao forno por 5 minutos, até dourar um pouco.

Sirva em um pratinho e finalize com uma colherada generosa de iogurte de coco e raspas de limão-siciliano.

DOCES

O Chico foi acostumado desde sempre com sabores amargo, azedo e neutro, com isso seu interesse por doce ainda é bem pontual. Na minha opinião, o quanto mais conseguirmos postergar o contato da criançada com o paladar doce, melhor. Porém acho fundamental que os primeiros contatos sejam de uma forma leve e descontraída!

Ensinar desde sempre que, com equilíbrio, podemos consumir tudo o que tivermos vontade é um presente que damos aos pequenos.

Trago, aqui, algumas receitinhas de doce que vão agradar a família toda e que mostram que é possível fazer receitas deliciosas, todas preparadas sem açúcar e adoçadas com frutas frescas ou secas.

CARAMELO DE TÂMARAS

Rende: *1 xícara*

Esse caramelo é uma ótima alternativa na hora de preparar receitas que precisam ser adoçadas. Ele é uma base deliciosa, cheia de fibras e nutrientes, para usar em bolos, molhos, cremes e sorvetes, no lugar de açúcares ou melados.

- 1 xícara de tâmaras (aproximadamente 8 medjool)
- 1 colher (sopa) de manteiga ghee
- 1 pitada de sal (opcional e só para bebês acima de 1 ano)

Hidrate as tâmaras em água morna por 4 horas. Não coloque muita água, apenas o suficiente para cobrir.

Reserve a água e transfira as tâmaras para o processador de alimentos. Bata até formar um creme. Acrescente a manteiga derretida e a água reservada pouco a pouco, para deixar na textura desejada.

Transfira para um pote de vidro com tampa e mantenha refrigerado. Utilize para preparar bolos, cremes e receitas doces em geral.

Prepare esse caramelo com outras frutas secas, como uvas-passas, ameixa ou damasco.

PANQUECA RECHEADA DE CARAMELO E PASTA DE AMENDOIM

Rende: 4 unidades

Aqui, duas preparações do livro se unem em uma receita que vai fazer o maior sucesso com os pequenos e com os grandes também!

- 4 panquequinhas (de quinoa, arroz ou colorida) (p. 173)
- 1 receita de caramelo de tâmaras (p. 226)
- Pasta de amendoim ou outro nuts
- Canela em pó

Coloque um pouco de recheio na ponta da panqueca e enrole-a. Finalize polvilhando canela por cima.

PAÇOQUINHA

Rende: *12 unidades*
Utensílios: *1 cortador de metal redondo (opcional), 1 forma de bolo inglês e papel dover*

Por um longo período, quando pequena, paçoquinha foi meu doce preferido. Por isso, repaginei a receita tradicional cheia de açúcar e fiz uma versão com caramelo de tâmaras, opção bem mais nutritiva e com menor índice glicêmico.

- 1 xícara de amendoim sem pele e sem sal
- 1 colher (chá) de sementes de linhaça ou chia
- ⅓ de xícara de caramelo de tâmaras
- 1 pitada de sal (opcional e só para bebês acima de 1 ano)

Preaqueça o forno a 170°C.

Torre o amendoim até ficar dourado e soltar o aroma, então tire do forno e deixe esfriar.

Bata a linhaça ou a chia até virar uma farinha fina.

Tire toda a pele e bata o amendoim no processador de alimentos até virar uma farinha. Acrescente os demais ingredientes e bata até virar uma massa homogênea.

Corte o papel dover no comprimento da base da forma de bolo inglês, mas sobrando nas laterais, para ajudar a desenformar.

Acomode a massa com as mãos em cima, deixando-a bem firme e nivelada.

Asse por aproximadamente 15 minutos. Retire do forno, deixe esfriar um pouco e corte com um cortador redondo ou faça quadrados com uma faca.

Junte as rebarbas de massa e prepare mais paçoquinha no formato desejado. Coloque em uma assadeira grande e deixe espaço entre elas. Volte ao forno por mais 10 a 15 minutos, até firmar e secar.

TORTA GELADA DE BANANA

Rende: 12 porções
Utensílio: 1 forma de torta de 15 cm com fundo removível

PARA A MASSA
½ xícara de farinha de aveia sem glúten
¼ de xícara de farinha de amêndoa
2 colheres (sopa) de manteiga ghee
⅓ de xícara de tâmara (5 medjool ou 8 da comum)
Sal (opcional e só para bebês acima de 1 ano)

PARA O RECHEIO
4 xícaras de banana madura picada
¾ de xícara de coco fresco ralado
2 colheres (sopa) de manteiga de cacau ou óleo de coco

OPCIONAL
Frutas vermelhas para a finalização

Preaqueça o forno a 180°C.

Se as tâmaras forem medjool, que são bem macias e suculentas, tire o caroço e corte em pedaços médios. Se forem tâmaras comuns e estiverem secas e mais firmes, tire o caroço e deixe de molho em água mineral em temperatura ambiente por 30 minutos.

Descarte a água do demolho e bata todos os ingredientes no processador de alimentos até formar uma massinha fácil de modelar.

Abra a massa na forma, deixando bem firme e subindo ou não pelas laterais, como preferir.

Asse por 10 minutos, até soltar o aroma e dourar.

No liquidificador, bata as bananas com a manteiga de cacau ou o óleo de coco derretidos até virar um creme liso. Adicione o coco e bata bastante.

Despeje sobre a massa já fria e deixe no congelador por 4 a 6 horas.

Pelo menos 30 minutos antes de servir, passe para a geladeira.

AVISO: Esta receita inclui oleaginosas, que podem ser alergênicas.

BROWNIE CRU

Rende: *8 a 10 pedaços*
Utensílios: *1 forma de bolo inglês e papel dover*

Esta receita é bem simples e prática! Você pode transformar em energy balls e mandar de lanche!

- 1 xícara (chá) de noz-pecã ou amêndoa
- 1 xícara de tâmara
- 2 a 4 colheres (sopa) rasas de cacau em pó sem açúcar
- 1 colher (chá) de chia (opcional)
- 1 pitada de sal (opcional e só para bebês acima de 1 ano)

Preaqueça o forno a 170°C.

Se as tâmaras forem medjool, que são bem macias e suculentas, tire o caroço e corte-as em pedaços médios. Se forem tâmaras comuns e estiverem secas e mais firmes, tire o caroço e deixe as frutas de molho em água mineral em temperatura ambiente por 30 minutos.

Coloque as nozes-pecã ou amêndoas em uma assadeira grande e asse por 10 a 15 minutos, até soltar o aroma e dourar um pouco. Leve a assadeira para um lugar frio, assim que sair do forno, e deixe esfriar.

Descarte a água das tâmaras se tiverem ficado de molho e seque bem. Coloque as oleaginosas assadas no processador de alimentos e bata para quebrar um pouco. Adicione os demais ingredientes e bata até formar uma massa firme. Você pode deixar pedacinhos ou bater até a massa ficar lisa.

Corte o papel dover no comprimento da base da forma de pão, mas deixe sobrar nas laterais, para desenformar mais fácil. Acomode a massa sobre ele com as mãos, deixando-a bem firme e nivelada.

Deixe na geladeira por 4 horas, depois puxe o papel para desenformar e corte no tamanho desejado.

DICA

- Prepare o caramelo de tâmaras (p. 226) e cubra o brownie com ele.

AVISO: Esta receita inclui oleaginosas, que podem ser alergênicas.

BOLO DE MAÇÃ

Rende: 6 a 8 unidades

3 maçãs
½ xícara de farinha de aveia sem glúten
½ xícara de mix de farinhas (p. 195)
½ xícara de tâmaras
2 colheres (sopa) de manteiga ghee
1 pitada de canela em pó
1 colher (chá) de chia
Sal (opcional e só para bebês acima de 1 ano)
Pré-fermentação (p. 194)

Preaqueça o forno a 180°C.

Bata a chia até virar uma farinha fina. Peneire as farinhas e use um pouco para untar forminhas com manteiga ghee.

Rale a maçã no ralo grosso, incorpore a manteiga ghee, uma pitada de sal e a chia, mexa e reserve. Junte as farinhas aos poucos, coloque as tâmaras hidratadas e só depois o fermento.

Distribua a massa nas forminhas, enchendo até ⅔. Deixe descansar em cima do forno ou em um local morno por 10 a 15 minutos para iniciar a fermentação. Asse por aproximadamente 25 minutos. Desenforme quando estiver morno.

PUDIM DE PÃO COM FRUTAS

Rende: *8 porções*

- 3 maçãs pequenas
- 1 xícara de tâmaras
- ¾ de xícara de leite vegetal
- ¾ de xícara de farinha "panko" (p. 64)
- 2 colheres de óleo de coco ou manteiga ghee
- 2 colheres (chá) de fermento químico caseiro (p. 194)
- 1 colher (chá) de vinagre de maçã
- 1 pitada generosa de canela em pó
- 1 pitada de sal (opcional e só para bebês acima de 1 ano)

Aqueça brevemente o leite, adicione a canela e as tâmaras sem caroço e reserve. Lave e descasque as maçãs e pique finamente.

Em uma panela, junte as maçãs e ¼ de xícara de água, deixe cozinhar com tampa por 10 minutos, ou até as maçãs ficarem macias, então destampe e espere toda a água evaporar.

Preaqueça o forno a 180°C.

Unte forminhas com gordura e farinha.

No liquidificador, bata as tâmaras com o leite, até formar uma pasta grossa e lisa. Adicione o óleo de coco derretido e bata mais um pouco, depois transfira para uma tigela grande e junte a maçã, a farinha e o sal e misture.

Por último, adicione o fermento e o vinagre de maçã e mexa bem.

Distribua a massa nas forminhas e asse por aproximadamente 20 minutos.

Deixe os pudins descansarem por 5 a 10 minutos antes de desenformar.

BOLO DE BANANA E MIRTILO

Rende: *6 a 8 unidades*

Quando o Chico tinha nove meses, adorava pãezinhos, mas não dava muita bola para frutas, por isso inventei esse bolinho para ele.

> 3 bananas-nanicas ou 6 bananas-ouro
> 1 xícara de mix de farinhas (p. 195)
> 2 colheres (sopa) de manteiga ghee
> 2 colheres (sopa) de farinha de linhaça
> 4 colheres (sopa) de água
> Sal (opcional e só para bebês acima de 1 ano)
> 1 punhado de mirtilos
> Pré-fermentação (p. 194)
> ou 1 colher (chá) de fermento químico caseiro (p. 194)

Hidrate as sementes de linhaça com as 4 colheres (sopa) de água.

Preaqueça o forno a 180°C.

Faça a pré-fermentação. Peneire as farinhas e unte forminhas com manteiga ghee e o mix de farinhas.

Derreta a manteiga e bata com a banana e uma pitada de sal (se for usar) até virar um purê. Junte o mix de farinhas aos poucos, depois adicione o fermento e os mirtilos e mexa com cuidado.

Distribua a massa nas forminhas, até ⅔ da altura. Deixe descansar em cima do forno ou em um local morno por 10 a 15 minutos para iniciar a fermentação, depois asse por 18 minutos. Desenforme quando estiver morno.

COOKIES

Rende: *20 unidades pequenas*

- ¼ de xícara de aveia em flocos finos sem glúten ou quinoa
- ⅓ de xícara de farinha de aveia sem glúten ou mix de farinhas (p. 195)
- ¼ de xícara de cenoura ralada grosso (cerca de ½ cenoura pequena)
- ¼ de xícara de maçã ralada grosso (cerca de ½ maçã pequena)
- ½ xícara de tâmaras picadas (6 medjool)
- 1 punhado de castanhas picadas (opcional)
- 2 colheres (sopa) de manteiga ghee ou óleo de coco (derretido e levemente resfriado)
- ½ colher (café) de canela em pó
- ½ colher (chá) de fermento químico caseiro (p. 194)
- 1 colher (café) de vinagre de maçã

Preaqueça o forno a 180°C e unte a assadeira ou forre com um tapete culinário ou papel dover. Torre brevemente as castanhas (se for usar) e reserve.

Misture em uma tigela grande as tâmaras, a cenoura e a maçã, a canela, o sal e a gordura derretida. Junte os flocos de aveia, a farinha e as castanhas. Por último, adicione o fermento e o vinagre e mexa com uma colher de pau, depois use as mãos (que devem estar limpas).

Porcione 20 bolas de aproximadamente 2 colheres (sopa) cada uma. Pressione com cuidado e achate na assadeira, deixando um pouco de distância entre os biscoitos.

Asse por 20 a 25 minutos, até dourar levemente nas bordas. Deixe esfriar um pouco, depois transfira para uma grade para não ficar úmido. Se não consumir no dia, mantenha na geladeira por até 5 dias.

DICAS

- Coloque 1 colher (chá) de sementes de gergelim, chia ou linhaça moídas para agregar nutrientes.

- Borrife um pouco de água e aqueça o biscoito brevemente antes de servir quando tirar da geladeira.

AVISO: Esta receita inclui oleaginosas, que podem ser alergênicas.

MILK-SHAKE

Rende: *1 a 2 porções*

Esse milk-shake é sucesso absoluto aqui em casa nos dias de calor ou quando um dentinho está incomodando o Chico.

- 1 xícara de banana madura congelada em cubos (aproximadamente 1 a 2 bananas)
- ⅓ de xícara de leite de aveia sem glúten ou outro leite vegetal
- 1 colher (chá) de óleo de coco sem sabor
- Uma pitada de canela em pó
- Caramelo de tâmaras (p. 226) para finalizar (opcional)

Bata todos os ingredientes no liquidificador até ficar uniforme e cremoso.

Coloque o caramelo de tâmaras no fundo de um copinho de pinga, adicione a mistura e finalize com mais caramelo.

RECEITAS MEDICINAIS

INTESTINO × INTRODUÇÃO ALIMENTAR

Por aqui, um dos nossos maiores desafios no início da introdução alimentar foi regular o intestino. O intestino do Chico costumava funcionar superbem, mas depois ele chegou a ficar catorze dias sem fazer cocô. Isso nos trouxe bastante insegurança: conforme os dias passavam, eu ficava mais e mais incomodada. O que realmente fez efeito foi simplesmente consumir mais água. Quando o bebê mama no peito em livre demanda, às vezes os responsáveis se esquecem de oferecer água de tempos em tempos depois que a introdução alimentar tem início.

O intestino do Chico voltou a funcionar como um reloginho quando passei a oferecer água constantemente. Por isso, minha dica é: tenha sempre um ou mais copinhos de água espalhados pela casa ou pertinho da criança. Ofereça a cada meia hora, para que o bebê consuma de pouco em pouco e seu organismo consiga absorver bem.

Nesse processo de aprendizagem, testei várias receitas caseiras, que também ajudaram bastante e que quero compartilhar com você. Ofereça-as de preferência pela manhã, mas antes converse com a pediatra.

CREME DE ABACATE, AMEIXA E FARINHA DE AVEIA

Rende: *1 porção*

- 2 colheres (sopa) de abacate maduro
- ½ ameixa seca jumbo ou 2 ameixas secas pequenas hidratadas por 6 horas
- ½ colher (café) de farinha de aveia sem glúten

Opte pela ameixa jumbo se possível, ela é mais carnuda e macia. Descarte a água da ameixa e amasse até ficar uma geleia lisa. Se sobrarem pedaços da casca, pode tirar. Misture o abacate amassado com um garfo e finalize com farinha de aveia.

VITAMINA DE MAMÃO, LARANJA E AMEIXA

- Suco de 1 laranja-lima
- 1 ameixa jumbo ou 2 ameixas secas hidratadas por pelo menos 2 horas
- 1 pedaço de mamão
- 1 colher (chá) de farinha de linhaça

Bata todos os ingredientes no liquidificador.

PASTA E ÁGUA DE TAMARINDO

Esta receitinha mágica me ajudou muito durante a gestação, quando meu intestino às vezes travava, então resolvi testar com o Chico e funcionou superbem! A primeira vez que ele provou foi a coisa mais fofa. O sabor azedinho que pega no fundo da língua deixou o Chico todo arrepiado. Deu até tremelique, mas depois ele pediu mais! Agora o Chico adora comer tamarindo: nada como acostumar o paladar desde cedo!

- 1 punhado de tamarindos frescos
- Água

Tire a casca e deixe os tamarindos em um pote que tenha tampa. Cubra com água morna e deixe por 2 horas, depois passe em uma peneira fina . A água pode ser oferecida como chá. A polpa pode ser amassada para virar uma pasta. Ambos podem ser mantidos em geladeira por até 1 semana.

Ofereça 1 colher (café ou chá) logo pela manhã.

ÁGUA DE AMEIXA

- 2 ameixas jumbo ou 6 ameixas secas sem caroço
- 1 xícara de água

Coloque as ameixas na água e deixe descansar na geladeira durante a noite. Pela manhã, coe e ofereça a água.

CHÁ DE LINHAÇA

- 1 colher (sopa) de sementes de linhaça
- 2 xícaras de água

Adicione as sementes de linhaça em água fervendo e deixe o volume reduzir pela metade, depois passe em uma peneira ainda quente e deixe esfriar.

Ofereça com uma colherzinha de hora em hora.

DICA

- Combine as duas receitas (chá de linhaça e água de ameixa) para um preparo ainda mais potente no auxílio da digestão. Ofereça de colher como o chá de linhaça.

IMUNIDADE

GOLDEN MILK

Um preparo inspirado na culinária indiana, o leite dourado traz benefícios nutricionais, acolhimento e vitalidade. A cor alegre, o cheiro das especiarias e o calor do leite curam por si só!

A cúrcuma tem função anti-inflamatória e melhora o humor, a canela é antioxidante, o gengibre ajuda na digestão e ativa a energia vital, a pimenta é anti-inflamatória e a gordura boa transporta tudo isso pelo corpo.

1 copo de leite de coco
1 colher (chá) de cúrcuma fresca (sumo) ou em pó
1 colher (chá) de gengibre fresco (sumo) ou em pó
1 pitada generosa de canela em pó
1 colher (chá) de óleo de coco ou manteiga ghee
1 pitada de pimenta-do-reino moída na hora
Caramelo de tâmaras (p. 226) ou açúcar de coco para adoçar (opcional)

Em uma panela pequena, misture o leite de coco, as especiarias e a gordura, depois aqueça.

PANACEIA

só para crianças acima de 2 anos

Este preparado é um companheiro de longa data! Apesar de simples, esta combinação medicinal é muito utilizada na ayurveda para ativar a energia vital. Ela queima toxinas, estimula o fogo digestivo e faz maravilhas pela imunidade. Vem em boa hora quando o corpo começa a dar sinais de que não está 100%, além de ser ótima para enjoos e má digestão.

Os adultos podem consumir puro ou diluído, mas para as crianças a dose tem que ser "homeopática": algumas gotinhas bem diluídas já trazem os benefícios.

O açúcar desta receita tem a função de carregar os nutrientes até onde eles precisam chegar.

3 colheres (sopa) de sumo de limão
3 colheres (sopa) de sumo de gengibre
1 colher (café) de sal
1 colher (sopa) de açúcar mascavo
100 ml a 200 ml de água (para as crianças)

Bata o açúcar e o sal no liquidificador e dilua bem com os demais ingredientes, até atingir uma consistência homogênea. Dilua para o consumo de crianças, que devem ser maiores de dois anos, e ofereça 1 colher (sopa) 4 vezes ao dia, antes das 18h.

DICA

- Quando colocar na geladeira, você vai ver que uma parte ficará mais grossa e decantará. Não precisa mexer, tome apenas a parte mais líquida.

Cebola

Já ouvi histórias de avós que colocavam os netos no colo com uma cebola envolta na meia. Pode ser que o colo e o cafuné que tenham sido os responsáveis pela melhora, mas receitas naturais são sempre bem-vindas, não é mesmo?

PARA INFECÇÃO NO OUVIDO

Coloque um pedaço de cebola em uma meia e dê um nó. Posicione a meia perto do ouvido dolorido e cubra com um chapéu. Tire depois de alguns minutos.

PARA FEBRE

Corte uma cebola em pedaços finos e compridos. Passe óleo de coco nos pés da criança, depois coloque uma fatia no arco de cada pé (bem acima do calcanhar). Passe um filme plástico e calce a meia. Deixe a noite toda assim.

DICAS DE UTENSÍLIOS

MÃO NA MASSA

Os itens que apresento aqui vão te ajudar a ganhar tempo e talvez até deixar com mais vontade de colocar a mão na massa. Não é necessário comprar tudo: conforme a necessidade for surgindo, você vai comprando.

MEDIDORES: Trazem mais segurança na hora de seguir uma receita. São essenciais para pães, bolos e massas, por exemplo.

PANELAS PEQUENAS: Sempre vai ter uma ou outra receita feita só para o bebê, como o primeiro mingau. As panelas de ferro ou inox são as melhores.

FRIGIDEIRAS: Antiaderente de diferentes tamanhos, sem nenhum arranhão, por favor! Aquelas de fritar um ovo só são uma boa para aquecer quantidades pequenas e o pãozinho do café da manhã. Gosto de colocar as preparações do jantar lado a lado em uma frigideira grande para aquecer na hora.

CESTO OU GRADE PARA COZINHAR NO VAPOR: Este tipo de preparo é simples, rápido e altera pouco a composição nutricional dos alimentos.

PANELA DE COZIMENTO LENTO: É um investimento alto e nada essencial. Porém, para quem não tem tempo de ficar em pé na frente do fogão, cuidando para o alimento não queimar, pode ser uma mão na roda. Dependendo da preparação, você pode deixar o alimento cozinhando a noite toda. É ótima para cereais, grãos e mingaus. Mantém mais os nutrientes das preparações, devido à temperatura baixa, e mantém o alimento quente depois de pronto.

MINIPROCESSADOR DE ALIMENTOS: Essencial. O preço é acessível e o tamanho é perfeito para as porções deste livro. Ocupa pouco espaço e é mais fácil de limpar.

POTES DE VIDRO PEQUENOS: Tenho uma coleção deles, mas desaparecem do armário em um piscar de olhos. Recomendo retangulares ou quadrados, de 170 ml.

CHALEIRA ELÉTRICA: Para ferver a água do arroz ou do feijão, esterilizar itens e aquecer térmicos.

ASSADEIRAS: Assar é uma das formas mais simples e gostosas de cozinhar legumes, tubérculos e até frutas, que ficam saborosos sem precisar exagerar em temperos. Fora que enquanto o forno trabalha você fica com as mãos livres. Tenha pelo menos três tamanhos de assadeiras. A pequena pode ser a de bolo inglês.

ASSADEIRA PERFURADA: Ótima para deixar o alimento crocante e assar mais rápido. Faz toda a diferença na hora de preparar nuggets, brócolis ou vagem crocante e biscoitos.

TAPETE CULINÁRIO OU PAPEL DOVER: O tapete é prático e pode ser reutilizado. Serve para diversas coisas: não deixa o alimento grudar na assadeira nem queimar, ajuda a abrir massas como a de pastel, tampa a assadeira para segurar o vapor. Eles costumam ser grandes, então sempre sugiro cortar ao meio para caber em diversos tamanhos de assadeira. O papel dover parece o papel-manteiga, mas gruda menos e é bem mais resistente. Pode ser usado mais de uma vez!

FORMINHA COM TAMPA PARA CONGELAR: De silicone e sem BPA, para desenformar facilmente apenas a porção desejada. Gosto de ter um para cada grupo de alimentos para deixar o congelador organizado. O legal é que você pode ir congelando pouco a pouco. Veja mais sobre como congelar os alimentos na p. 77.

BORRIFADOR DE ÁGUA: Outro item essencial. Perfeito para aquecer o pãozinho do café da manhã, deixar os legumes assados suculentos sem queimar e aquecer a comida do jantar direto na frigideira.

FORMINHAS PARA PÃES E BOLINHOS: As de silicone são superpráticas e fáceis de limpar. É legal ter formatos divertidos também.

FORMINHAS PARA TORTA: Idealmente com fundo removível, ajudam na hora de desenformar e são fáceis de limpar. Ótimas para porções individuais e para congelar.

COLHERES DE SILICONE: Para não riscar panelas e frigideiras.

DESCASCADOR DE VEGETAIS: É mais prático e diminui o desperdício, porque tira uma camada fina do vegetal.

ESCOVINHA PARA LEGUMES: Ajuda na hora de higienizar.

PENEIRA DE INOX: Mais fácil de lavar e higiênica.

RALADOR PEQUENO: Dá para levar em viagens ou onde quiser.

VOAL: Ideal para coar sucos, preparar leites vegetais e extrair o sumo de alimentos.

SPIRALIZER: Muito utilizado para fazer macarrão de legumes. Tem versões mais elaboradas e mais simples, parecendo um apontador de lápis.

CORTADOR DE LEGUMES: Ajuda a ganhar tempo e deixa todos os pedaços do mesmo tamanho.

CORTADORES DIVERTIDOS: De inox, para deixar o prato mais lúdico.

TIGELAS: As de inox são mais recomendadas e duram para sempre. Além de práticas na hora de armazenar, misturar e deixar de molho, são uma ótima opção para fazer de lixeira em cima da bancada.

HORA DA REFEIÇÃO

Sou daquelas que gostam de tudo arrumadinho e bonito na hora de comer. Não adianta preparar um prato rico e colorido se o entorno estiver bagunçado. A arrumação já virou ritual aqui em casa.

Adoro toda a linha de acessórios da Monday The Label, que aparece em praticamente todas as fotos deste livro. Gosto de cores mais neutras e sólidas para o momento das refeições, acho que traz alegria e calma ao mesmo tempo.

Vou listar alguns acessórios que não são essenciais, pois podemos nos virar muito bem com o que já tem em casa, tomando os cuidados necessários com materiais que quebram.

CADEIRA DE ALIMENTAÇÃO: Existem diversos modelos no mercado, mas, conforme a Fabiolla me sugeriu, optei por uma de madeira sem estofado e com apoio para os pés. Aprendi com ela que estar com os pés apoiados é importante não só para as crianças, mas para os adultos também. A cadeira sem estofado é para manter a atenção e a postura na hora de comer.

CINTO PARA CADEIRA: A partir dos nove meses, os bebês passam a ficar mais agitados na cadeira, querendo explorar e interagir com o entorno. Caso sua cadeira não tenha cinto de segurança, vale investir em um.

BABADOR: Este é um item que não pode faltar. Aqueles que vêm com um bolsinho para a comida que cai são ótimos. Dependendo do material é bom ter vários para revezar enquanto lava, principalmente se você optar por deixar a criança comer com as mãos na introdução alimentar. Os de silicone são práticos e fáceis de lavar e transportar. Costumo utilizar nas refeições que fazem menos sujeira, como café da manhã e lanchinhos.

TALHERES: Colheres menores para começar — afinal, a boquinha do bebê é pequena e ele come pouco no início. Garfinhos próprios para introdução são muito legais também. Comecei a ensinar o Chico a usar com uns nove meses. Ele adorava quando conseguia levar a comida até a boca sem derrubar.

COPO: Existem copos de todos os tipos e para todos os gostos. Chico se deu superbem logo no início com os com canudinho. Ele também adorava tomar no copo da mamãe e do papai, então ter copos que não quebrem para toda a família é uma boa ideia.

PRATOS COM DIVISÓRIAS: Uso os de silicone: além de fáceis de lavar, são bons para deixar os alimentos separados, pois dão uma ideia melhor das proporções na hora de montar um prato equilibrado.

TIGELAS: Ótimas para lanchinhos, frutas, mingau e risotos. De silicone e sem BPA.

TIGELAS E PRATOS COM TAMPA: Práticos para deixar as frutas já cortadas ou manter o prato que não será consumido imediatamente.

PRATOS PLANOS E LEVES: Bem básicos e sem divisórias. São muito práticos e fáceis de transportar.

PANINHO: Sabe aquele mundaréu de paninhos que você usava nos primeiros meses do bebê? Que tal dar uma nova função a eles? Aqui em casa, na hora da comida, sempre tem um pratinho plano e leve com um paninho umedecido para limpar as mãozinhas e a boquinha do Chico e depois dar um trato na mesa suja.

247

ÍNDICE REMISSIVO

As páginas indicadas em **negrito** referem-se às receitas.

abacate, 214; Creme de abacate, ameixa e farinha de aveia, **240**; Creme refrescante de abacate com banana, **216**; Sushi (hossomaki), **132**

abóbora, 94; Abóbora assada, **98**; Nhoque de abóbora e aveia, **109**; Purê de abóbora, **99**; Quibe de abóbora, **110**; Risoto de aveia com abóbora e rúcula, **106**; Waffle de abóbora, **190**

abobrinha, 114; Meias-luas de abobrinha assadas, **117**; Minipizza de trigo-sarraceno, **102**; Palitos de abobrinha com crosta, **117**; Tempero verde, **62**

abobrinha-menina, 117

acordando os grãos, 120

adoçante natural, 46, 179

Água de ameixa, **240**

água, oferecer, 238

alcachofra: Cubinhos de alcachofra, **156**; Purê de alcachofra, **154**

aleitamento materno ver amamentação

alga kombu, 132; Arroz negro, **129**

alga nori, 128; Sushi (hossomaki), **132**

alho, 61; pasta de alho assado, **61**

alho-poró: Creme de leite de quinoa, **147**; Molho vermelho de tubérculos, **108**; Musseline de edamame, **137**; Quinoa com alho-poró, **141**

alimentação infantil: alimentos alergênicos, 26; engasgo, 39, 54; exposição ao sol, 27; fontes vegetais de ferro, 31; importância da água, 25; importância do ritmo, 24; métodos de introdução, 37-8; montagem do prato, 23-4; produtos de origem animal, 30; prontidão para comer, 36; proteína animal, 26; qualidade da interação do bebê com a comida, 39; quantidades, 31; suplementos, 26-7

alimentos: como fonte de energia vital, 12; funções de cada categoria, 14-6

Almôndegas de tempê e milho, **157**

amamentação, 18, 22, 27, 32

amaranto, 28; Biscoitos para os dentinhos, **201**; Cracker de amaranto e frutas vermelhas, **202**

ameixa: Água de ameixa, **240**; Chá de linhaça com ameixa, **240**; Creme de abacate, ameixa e farinha de aveia, **240**; Vitamina de mamão, laranja e ameixa, **240**

amêndoa: "Parmesão" vegano, **110**

amendoim, 176; Paçoquinha, **228**

amendoim, pasta de, 176; Overnight de banana e pasta de amendoim, **182**; Panqueca de frutas vermelhas e pasta de amendoim, **186**; Panqueca recheada de caramelo e pasta de amendoim, **227**

anemia, 31

anis-estrelado, 46

anti-inflamatórios, alimentos, 70, 242

antioxidantes, alimentos, 70, 242

antroposofia, 8, 10, 12-6, 34, 78, 91

arroz: Bolinho de arroz, **84**; Arroz colorido, **84**; Arroz "frito", **91**; Dadinhos de arroz e coco, **183**; Arroz integral, **83**; Arroz com lentilha, 87; Leite de arroz, **134**

Arroz negro, **129**; Croquete de edamame e arroz negro, **131**; Arroz negro com gengibre, **129**

Aspargos na manteiga com ervas, **115**

aveia, 44, 47, 179; Barrinhas nutritivas, **206**; Biscoito de aveia, banana e canela, **204**; Chapati de aveia, **200**; Cookies, **236**; Energy balls de mirtilo e coco, **203**; Leite de aveia, **134**; Nhoque de abóbora e aveia, **109**; Overnight de banana e pasta de amendoim, **182**; Overnight de pitaia, **182**; Overnight de tâmaras, cacau e tahine, **182**; Overnight mango lassi, **180**; Risoto de aveia com abóbora e rúcula, **106**

ayurvédica, medicina, 242

babador, 246

banana, 48, 210, 221; Banana grelhada com canela e óleo de coco, **218**; Biscoito de aveia, banana e canela, **204**; Bolo de banana e mirtilo, **234**; congelada, 215; Creme de banana e morango, **215**; Creme de maçã, banana e canela, **217**; Creme refrescante de abacate com banana, **216**; Milk-shake, **237**; Overnight de banana e pasta de amendoim, **182**; Panqueca matinal, **185**; Pudim de chia com banana, **220**; Torta gelada de banana, **229**
Barrinha de mingau, **50**
Barrinhas nutritivas, **206**
batata: Bolinha de batata, **89**
batata-doce, 82; Batatinhas "fritas", **88**; Batata-doce assada com canela, **85**
baunilha, 50
beterraba, 70, 95; Beterraba assada, **97**; Creme proteico de beterraba, **104**; Molho vermelho de tubérculos, **108**; Risoto de trigo-sarraceno e beterraba, **104**; Sushi (hossomaki), **132**
Biscoitinho salgado de grão-de-bico, **199**
Biscoito com geleia, **205**
Biscoito de aveia, banana e canela, **204**
Biscoitos para os dentinhos, **201**
BLW (desmame conduzido pelo bebê), 9-10, 38, 42-3
Bolinha de batata, **89**
Bolinhas de mingau, **51**
Bolinho de arroz, **84**
Bolinho de cuscuz, ervilha e espinafre, **168**
Bolinho fantasia, **90**
Bolo de banana e mirtilo, **234**
Bolo de maçã, **232**
Bolonhesa de tempê, **155**
brócolis, 140; Brócolis ou couve-flor crocante, **142**; Brócolis ao curry, **148**; Brownie cru, **230**; Minipizza de trigo-sarraceno, **102**; Pesto cremoso de brócolis, **125**; Risoto cremoso de brócolis, **148**

cacau: Brownie cru, **230**; Overnight de tâmaras, cacau e tahine, **182**
cadeira de alimentação, 246
canela, 46, 48, 50; Banana grelhada com canela e óleo de coco, **218**; Biscoito de aveia, banana e canela, **204**; Creme de maçã, banana e canela, **217**
Caramelo de tâmaras, 68, **226**; Barrinhas nutritivas, **206**; Overnight de tâmaras, cacau e tahine, **182**; Paçoquinha, **228**; Panqueca recheada de caramelo e pasta de amendoim, **227**; "Toddynho", **206**; Waffle de tâmaras, **190**
cardamomo, 46
castanha de caju: Barrinhas nutritivas, **206**; "Parmesão" vegano, **110**; "Requeijão" de castanha, **192**
castanhas, 48; Leite de castanhas, **134**
cebola, receitas medicinais, 242
cebola pérola, 106; Arroz negro, **129**; Molho vermelho de tubérculos, **108**
cebolinha, 70
cenoura, 72, 114; Molho vermelho de tubérculos, **108**; Painço no caldo de cenoura, **115**; Sushi (hossomaki), **132**
cereais: funções na alimentação, 16
Ceregatti, Ana, 9-10, 22-32, 176
Chá de linhaça, **240**; com água de ameixa, 240
Chapati de aveia, 184, **200**
chia, 47, 50; Geleia da Alice, **204**; Pudim de chia com banana, **220**
Chips de rabanete, **141**
chuchu, 82, 86; Chuchu cozido, **86**; Chuchu refogado, **86**
coco, 48; Dadinhos de arroz e coco, **183**; Energy balls de mirtilo e coco, **203**; Leite de coco, **134**; Manga com limão e coco, **218**; Salada de frutas no forno com iogurte de coco e raspas de limão, **222**; Tapioca de coco, **184**
combinação de alimentos, 78
congelados, 76-7; descongelar, 77
Cookies, **236**
couve: Farofa de couve, **88**; Couve com laranja, **85**
couve-flor, 104; Brócolis ou couve-flor crocante, **142**; Floretes de couve-flor ao missô, **130**; Molho branco de couve-flor, **146**
cozimento: no forno, 57; no vapor, 54-6; refogado, 58
Creme de abacate, ameixa e farinha de aveia, **240**
Creme de banana e morango, **215**
Creme de espinafre e mandioca, **171**
Creme de leite de quinoa, **147**, 184
Creme de maçã, banana e canela, **217**
Creme proteico de beterraba, **104**
Creme refrescante de abacate com banana, **216**
Croquete de edamame e arroz negro, **131**
Cubinhos de alcachofra, **156**
cúrcuma: Golden milk, **242**; Ora-pro-nóbis com cúrcuma, **130**
cuscuz, 166; Bolinho de cuscuz, ervilha e espinafre, **168**; Cuscuz com talo de espinafre, **168**; Cuscuz de mexerica, **171**

Dadinhos de arroz e coco, **183**
Dadinhos de tofu em crosta de nuts, **100**
doces, 224-37
Duarte, Fabiolla, 9-10, 34-9

edamame, 128; Croquete de edamame e arroz negro, **131**; Musseline de edamame, **137**

Energy balls de mirtilo e coco, **203**
erva-doce: Tempero verde, **62**
ervilha: Bolinho de cuscuz, ervilha e espinafre, **168**; Panqueca proteica de quinoa com ricota e ervilha, **173**
Espaguete ao molho branco, **147**
Espaguete de legumes ao pesto, **124**
especiarias, 46; Fruta cozida com especiarias, **219**
espinafre, 166; Bolinho de cuscuz, ervilha e espinafre, **168**; Creme de espinafre e mandioca, **171**; Cuscuz com talo de espinafre, **168**; Espinafre simples, **168**

Falafel, **122**
farinha de amaranto, 47
farinha de amêndoa: Melancia com farinha de amêndoa, **219**; Musseline de edamame, **137**
farinha de arroz, 109
farinha de aveia, 47; Creme de abacate, ameixa e farinha de aveia, **240**; Panqueca matinal, **185**
Farinha de castanhas, **196**
farinha de grão-de-bico: Grãomelete, **170**
Farinha de grãos, **196**
farinha de quinoa, 47
Farinha "panko" saudável, **64**, 100, 123
Farofa de couve, **88**
Feijão-carioca com páprica ou tofu defumado, **145**
Fermento químico caseiro, **194**
ferro, 31
Floretes de couve-flor ao missô, **130**
folhas e caules: funções na alimentação, 15
folhas verdes, 94
forno, cozimento no, 57
framboesa, 177
Fruta cozida com especiarias, **219**
frutas, 208-22; funções na alimentação, 14; Pudim de pão com frutas, 233; Salada de frutas no forno com iogurte de coco e raspas de limão, **222**
frutas vermelhas: Cracker de amaranto e frutas vermelhas, **202**; Geleia da Alice, **204**; Panqueca de frutas vermelhas e pasta de amendoim, **186**
fubá: Polenta, **158**

Geleia da Alice, **204**
gengibre, 46; Arroz negro com gengibre, **129**; Golden milk, **242**
gergelim, 28
Golden milk, **242**
gorduras, boas/ruins, 58
grão-de-bico: Biscoitinho salgado de grão-de-bico, **199**; Falafel, **122**; Homus, **118**; Massa de grão-de-bico, **121**; Nuggets de grão-de-bico, **123**; Waffle de grão-de-bico, **190**; Waffle superproteica, **189**
Grãomelete, **170**
grãos: acordar os, 120; Hamburguinho, **144**

Hamburguinho, **144**
Hirsch, Sonia, 47
Homus, **118**
homus de couve-flor, 146
hossomakis, 66

imunidade, 242
Indonésia, 154
inhame: Purê de inhame e ora-pro-nóbis, **137**
intestino, regular o, 238
iogurte vegetal, 179

kiwi, 212

Lâminas de papaia com quinoa, **219**
laranja: Vitamina de mamão, laranja e ameixa, **240**
laranja-lima: Molho de laranja, **68**
legumes: funções na alimentação, 14
Leite de coco, **134**; Golden milk, **242**
Leite de girassol, **134**
Leites vegetais (de arroz, de aveia, de castanhas), 48, **134**, 179; Chapati de aveia, **200**; Creme de leite de quinoa, **147**; Milk-shake, **237**; Overnight de pitaia, **182**; "Toddynho", **206**
lentilha: Arroz com lentilha, **87**
levedura nutricional: "Parmesão" vegano, **110**
limão: Manga com limão e coco, **218**
linhaça: Chá de linhaça, **240**; Chá de linhaça com ameixa, **240**

Mac & cheese, **163**
maçã, 47, 212; Bolo de maçã, **232**; Creme de maçã, banana e canela, **217**; Waffle de maçã, **190**
macarrão, 152
Mamãe, eu quero + (Sonia Hirsch), 47
mamão, 210; Vitamina de mamão, laranja e ameixa, **240**
mandioca: Bolinho de cuscuz, ervilha e espinafre, **168**; Creme de espinafre e mandioca, **171**; Pão de mandioca, **193**; Rosti de mandioca, **169**
Mandioqueijo, **162**; Mac & cheese, **163**
mandioquinha: Mandioqueijo, **162**; Mandioquinha na manteiga de ervas, **160**; Massa de salgadinho, **160**; Nhoque de mandioquinha, **153**
mandolina, 124
manga, 214; Manga com limão e coco, **218**; Overnight mango lassi, **180**; Sushi (hossomaki), **132**
manjericão, 67, 70
manteiga de cacau, 48, 50
Massa de grão-de-bico, **121**, 122-3
Massa de salgadinho, **160**
massas, 66; como abrir, 202; Espaguete ao molho branco, **147**; Mac

& cheese, **163**; Penne à bolonhesa, **156**
Meias-luas de abobrinha assadas, **117**
Melancia com farinha de amêndoa, **219**
mexerica, 211
milho, 152; Almôndegas de tempê e milho, **157**; Milho verde na manteiga, **153**; Polenta com milho, **158**
Milk-shake, **237**
mingau, 44-51, 97, 166, 177, 179, 185, 212; Mingau de painço com banana, coco e mirtilos, **48**; mingau de pera com quinoa e castanhas, **48**, 49
Minipizza de trigo-sarraceno, **102**
mirtilo, 48, 50, 177; Bolo de banana e mirtilo, **234**; Energy balls de mirtilo e coco, **203**
missô: Creme de leite de quinoa, **147**; Floretes de couve-flor ao missô, **130**; Tofu marinado no missô, **98**
Mix de farinhas, 109, **195**
Molho vermelho de tubérculos, **108**; Bolonhesa de tempê, **155**
molhos: branco, 184; Molho branco de couve-flor, **146**; Molho de laranja, **68**; Molho de tahine, **68**; pesto, 66; Pesto cremoso de brócolis, **125**; Pesto de ervas, **67**
Monday The Label (acessórios), 246
morango: Creme de banana e morango, **215**
Musseline de edamame, **137**

Nhoque de abóbora e aveia, **109**
Nhoque de mandioquinha, **153**
nozes, 50
noz-moscada, 46
Nuggets de grão-de-bico, **123**
nuts: Dadinhos de tofu em crosta de nuts, **100**

óleo de chia, 27-8

óleo de coco, 48, 50; Banana grelhada com canela e óleo de coco, **218**
óleo de linhaça, 27-8
ômega 3, 27, 47
ora-pro-nóbis, 15; Ora-pro-nóbis com cúrcuma, **130**; Purê de inhame e ora-pro-nóbis, **137**
Organização Mundial de Saúde (OMS), 30
overnight, 46; Overnight de banana e pasta de amendoim, **182**; Overnight mango lassi, **180**; Overnight de pitaia, **182**; Overnight de tâmaras, cacau e tahine, **182**
overnight oats — aveia adormecida, 179
"Ovo" para empanar, **63**, 123

Paçoquinha, **228**
painço, 48; Salada de painço e legumes, **116**; Painço no caldo de cenoura, **115**
Palitinhos de polenta, **159**
Palitos de abobrinha com crosta, **117**
Panaceia, **242**
PANCs (plantas alimentícias não convencionais), 15, 130
Panqueca(s): fininhas, **172**; de frutas vermelhas e pasta de amendoim, **186**; matinal, **185**; proteica de quinoa com ricota e ervilha, **173**; recheada de caramelo e pasta de amendoim, **227**
pão, 178; Pudim de pão com frutas, **233**
Pão de mandioca, **193**
Pãozinho de "queijo" de tubérculos, **198**
papaia: Lâminas de papaia com quinoa, **219**
páprica: Feijão-carioca com páprica ou tofu defumado, **145**
parmesão, 123
"Parmesão" vegano, **110**
Pasta de alho assado, **61**; Almônde-

gas de tempê e milho, **157**; Bolonhesa de tempê, **155**; Creme de leite de quinoa, **147**; Risoto cremoso de brócolis, **148**; Tempê marinado e grelhado, **154**
Pasta e água de tamarindo, **240**
Pastel, **161**
Penne à bolonhesa, **156**
pepino, 167; Salada de pepino marinado, **167**; Sushi (hossomaki), **132**
pera, 48
Pesto cremoso de brócolis, **125**
Pesto de ervas, **67**
pitaia: Overnight de pitaia, **182**
pizza: Minipizza de trigo-sarraceno, **102**
Polenta, **158**; com milho, **158**; Palitinhos de polenta, **159**
pratos com divisórias, 247
pré-fermentação, 194
primeiro mingau, O, **47**
produtos de origem animal: preconceito contra, 30
proteínas vegetais, 16
Pudim de chia com banana, **220**
Pudim de pão com frutas, **233**
Purê, 59; de abóbora, **99**; de alcachofra, **154**; básico, **60**; de inhame e ora-pro-nóbis, **137**

Quibe de abóbora, **110**
quinoa, 48, 104; Creme de leite de quinoa, **147**; Lâminas de papaia com quinoa, **219**; Panqueca proteica de quinoa com ricota e ervilha, **173**; Quinoa com alho-poró, **141**; Risoto cremoso de brócolis, **148**

rabanete, 140; Chips de rabanete, **141**; Rabanete assado, **143**
raízes: funções na alimentação, 15
receitas medicinais, 238
refogado, cozimento, 58
requeijão, 184
"Requeijão" de castanha, **192**

"Requeijão" proteico de tofu, **188**
"Ricota", **136**; "Ricota" de tofu, **171**
ricota: Panqueca proteica de quinoa com ricota e ervilha, **173**
Risoto cremoso de brócolis, **148**
Risoto de aveia com abóbora e rúcula, **106**, 109
Risoto de trigo-sarraceno e beterraba, **104**
Rosti de mandioca, **169**
rúcula: Risoto de aveia com abóbora e rúcula, **106**; Trigo-sarraceno com rúcula, **97**

Salada de frutas, **222**; Salada de frutas no forno com iogurte de coco e raspas de limão, **222**
Salada de painço e legumes, **116**
Salada de pepino marinado, **167**
salsinha, 70
sementes de chia, 180
sementes de girassol: Leite de girassol, **134**; "Ricota", **136**
sorvete, 221
spiralizer, 124

Steiner, Rudolf, 12
Suco de ervas e folhas, **72**
Suco de raízes, **72**
"sucos" de vegetais, 70, 72, 104, 115; Cuscuz de mexerica, **171**; Panquecas fininhas, **172**
Sushi (hossomaki), **132**

tahine, 28; Homus, **118**; homus de couve-flor, 146; Molho de tahine, **68**; Overnight de tâmaras, cacau e tahine, **182**
tâmara: Caramelo de tâmaras, **226**
tamarindo: Pasta e água de tamarindo, **240**
Tapioca de coco, **184**
tempê: Almôndegas de tempê e milho, **157**; Tempê marinado e grelhado, **154**
Tempero verde, **62**
"Toddynho", **206**
tofu, 28, 95, 104; Dadinhos de tofu em crosta de nuts, **100**; defumado, 145; Feijão-carioca com páprica ou tofu defumado, **145**; "Requeijão" proteico de tofu, **188**; "Ricota" de tofu, **171**; Sushi (hossomaki), **132**; Tofu marinado no missô, **98**
tomate, 96
Torta gelada de banana, **229**
trigo-sarraceno, 97; Minipizza de trigo-sarraceno, **102;** Quibe de abóbora, **110**; Risoto de trigo-sarraceno e beterraba, **104**; Trigo-sarraceno com rúcula, **97**

utensílios de cozinha, 244-5
uva, 213
uva-passa, 48, 50

vapor, cozimento, 54-6
vegetarianismo, 30; anemia e, 31
Vitamina de mamão, laranja e ameixa, **240**

Waffles: de abóbora, **190**; de grão-de-bico, **190**; de maçã, **190**; superproteica, **189**; de tâmaras, **190**
Winnicott, Donald, 34

SOBRE A AUTORA

PATRICIA HELÚ acredita em uma cozinha nutritiva, consciente e cheia de sabor. Há quase quinze anos dedica-se a uma intensa pesquisa sobre comida saudável, sustentável, natural e vegetariana. Professora, consultora de restaurantes, autora do livro *Divina alquimia* e idealizadora e chef criativa do restaurante Caracolla, em São Paulo, defende que, muito além de como cuidamos do nosso corpo, a alimentação também revela como vemos o mundo e cuidamos da natureza. Em sua busca incansável por aprender mais sobre o tema, viajou por diversos lugares garimpando aprendizados. Em Nova York, estudou culinária natural no Natural Gourmet Institute. Em São Paulo, especializou-se em nutrição ayurvédica e trabalhou como estagiária no restaurante Satori, do mestre Tomio Kikuchi (1926-2019), grande referência quando o assunto é comida macrobiótica. A Amazônia, o Peru, a Tailândia e a Bahia também foram bastante inspiradores e trouxeram muitos aprendizados.

Copyright © Patricia Helú 2023
Copyright das fotografias © Madelaine Seagram — The Daily Company

Companhia de Mesa é um selo da Editora Schwarcz S.A.

Grafia atualizada segundo o Acordo Ortográfico da Língua Portuguesa de 1990, que entrou em vigor no Brasil em 2009.

CAPA E PROJETO GRÁFICO Alceu Chiesorin Nunes
FOTO DE CAPA Madelaine Seagram — The Daily Company
PREPARAÇÃO Lígia Azevedo
ÍNDICE REMISSIVO Probo Poletti
REVISÃO Márcia Moura e Juliana Cury

Dados Internacionais de Catalogação na Publicação (CIP)
(Câmara Brasileira do Livro, SP, Brasil)

Helú, Patricia
  Primeiro nutrir : Guia de introdução alimentar leve, prática e natural / Patricia Helú. — 1ª ed. — São Paulo : Companhia de Mesa, 2023.

  ISBN 978-65-86384-18-5

  1. Alimentação saudável 2. Bebês – Alimentação 3. Nutrição – Aspectos da saúde I. Título.

23-163034   CDD-640

Índice para catálogo sistemático:
1. Introdução alimentar : Economia doméstica   640

Aline Graziele Benitez – Bibliotecária – CRB-1/3129

Todos os direitos desta edição reservados à
EDITORA SCHWARCZ S.A.
Rua Bandeira Paulista, 702, cj. 32
04532-002 — São Paulo — SP
Telefone: (11) 3707-3500
www.companhiadasletras.com.br
instagram.com/companhiademesa

Esta obra foi composta por Osmane Garcia Filho em Seria e Akkurat e impressa pela Geográfica em ofsete sobre papel Alta Alvura da Suzano S.A. para a Editora Schwarcz em outubro de 2023

A marca FSC® é a garantia de que a madeira utilizada na fabricação do papel deste livro provém de florestas que foram gerenciadas de maneira ambientalmente correta, socialmente justa e economicamente viável, além de outras fontes de origem controlada.

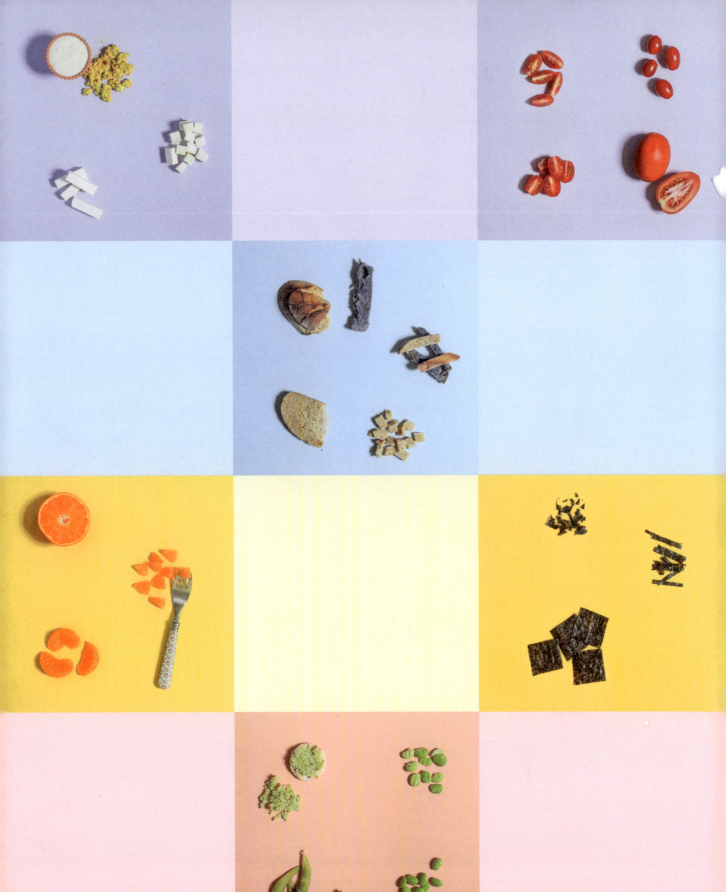